红色摇篮 绿色家园

江西风景独好

红色摇篮 绿色家园

江西风景独好

游遍江西 新余

人间仙境

主编 王晓峰

江西人民出版社
Jiangxi People's Publishing House
全国百佳出版社

总 序

朱 虹

旅游，是一个古老的话题，

旅游，也是一个现代的话题，

旅游，更是一个常说常新的话题。

在中国古代，《五经》中的《周易》就有“旅”“观”二卦，卦辞对“旅行”和“观光”进行了表述。先秦文献《穆天子传》中，也有周穆王驾八骏巡游的生动记载。就江西而言，历代文人墨客留下的旅游佳作举不胜举。以世界级名山庐山为例，《史记》中就有夏禹、秦皇、汉武、司马迁浮长江登庐山的记载，陶渊明、李白、孟浩然、白居易、苏东坡、王阳明等许多大诗人也都有题咏，明代旅行家徐霞客则有生动的游记。

旅游作为一门学科，作为一种行业，则是近现代才兴起的新的学科和行业。江西学者伍飞先生对全球旅游进行了探索性的研究，并就此访问了60位外国驻华大使，撰写了被誉为旅游界“圣经”的《旅游整合世界》，其观点为世界许多政要、东西方学者和国际旅游从业者们所认可。诚如伍先生所言：“旅游整合世界，共享人类文明。”蓝色的地球，五大洲、四大洋，寒温热三带，有说不尽道不完的自然的和人文的旅游景

观。从遥远的上古到21世纪的今天，人类文明的步履行进了几十万年，踏遍了全球。现今，人类还在向地球外的宇宙，进行不断地探索，遨游太空也已成为现实。因为大自然的神工鬼斧与人类无尽的创造力，自然的与人文的遗产遍布寰球。对于旅游业来说，毋庸置疑，这一切都是可以利用的巨大的资源。人类有着不同的肤色、不同的民族、不同的语言文字、不同的宗族信仰、不同的风俗民情，但是，就旅游的概念而言，这一切都可以打破，这一切也都正在被打破，地球村的村民们共享着大自然的馈赠和人类自身所创造的文明。旅游，既是人类享受生命的一种特别方式，也是人类社会不断和谐发展的巨大的推动力。

江西，地处长江中下游的南岸，古称“吴头楚尾，粤户闽庭”。这片自然造化所眷顾的赣鄱大地，这片先民们生息繁衍、开发了几万年的赣鄱大地，旅游景观之丰富为世人所瞩目。

江西风景独好。市市有好山好水、县县有旅游景点，旅游资源种类多、品位高、潜力大。拥有国家旅游资源标准分类八大类155种基本景观中的153种，有世界遗产地5处，世界地质公园4处，5A级以上旅游景区6处，国家级风景名胜区14处，综合评价位居全国前列。红色旅游资源、绿色山水资源、古色历史文化资源交相辉映，最具代表的“3461”景区，即四大名山（庐山、井冈山、三清山、龙虎山）、四大摇篮（“中国革命的摇篮”井冈山、“人民军队的摇篮”南昌、“人民共和国摇篮”瑞金、“中国工人运动的摇篮”安源）、四个千年（“千年瓷都”景德镇、“千年名楼”滕王阁、“千年书院”白鹿洞、“千年古刹”东林寺）以及一湖（中国最大的淡水湖鄱阳湖）、一村（中国最美的乡村婺源）、一海（庐山西海）、一峰（龟峰）、一道（“小平小道”）、一城（共青城）等闻名于世。这些丰富的资源，不仅仅是江西的，也是中国的，更是为世界所共享的巨大财富。

为了更广泛深入地推介江西的旅游产品，进一步提高江西旅游形象品牌在海内外的影响力和知名度，不断拓展江西的客源市场，更好地为游客服务，自2013年5月中旬开始，江西省旅游协会与江西人民出版社联手，精心策划、组稿、审阅，编辑出版了这部“游遍江西旅游系列丛书”。这部丛书共分11册，每册约9万字，是一套系统的全方位的介绍江西各地旅游文化资源的精品图书，既有权威性，又具较强的可读性，也是一套供自驾游和自助游爱好者参考的旅游指南，图文并茂，简明实用。这项重要的旅游文化出版工程，可用“精、全、细”三字来概括。精，即不仅图书是精品，介绍的旅游资源也多为精品；全，即一套在手，江西的旅游资源基本上尽收眼底；细，即一册在手基本的旅游信息里面都有，体贴细致。江西的旅游资源、文化遗产，正在为天下人所共享，而这套丛书的问世，其作用与意义将不言而喻。

江西是个好地方，道不尽自然的壮丽和秀美；江西是个好地方，说不完人文的深厚与绵长！这里是神奇江西——物华天宝，人杰地灵；这里是美丽江西——青山绿水，如画如诗！

是为序。

（朱虹　江西省人民政府副省长）

目录

第一章　追寻新余——魅力之都

第二章　美丽新余——目不暇接

第三章 行在新余——称心如意

第四章 游在新余——浪漫之旅

第五章　吃在新余——回味无穷

第六章　住在新余——酣然入梦

第七章　购在新余——满载而归

第八章　娱在新余——乐不思蜀

【附录】

新余，一座新兴的工业城市，一座环境洁静、绿树成荫的城市，位于江西省中西部，全市总人口（常住）为118.7万人，使用赣语新余方言。新余市总面积达3178平方千米，现辖“一县三区”（分宜县、渝水区、仙女湖风景名胜区、高新技术产业开发区）。

新余被誉为“仙女下凡之地，天工开物之城”。近年来，这里的旅游资源得到进一步开发，深受中外游客的青睐。这里“三面

CHAPTER 1

追寻新余

——魅力之都

环山，一面傍水”。孔目江、袁河穿城而过，城南的抱石公园，城北的仰天岗森林公园，城东的孔目江国家湿地公园，城西的国家重点风景名胜区、4A级旅游景区仙女湖，城中点缀着北湖、仙来湖、长林湖、南湖、晚晴湖，它们给人们提供了一个休憩的好地方。新余，一个山欢水笑的乐园，这里山水交相辉映，风景美丽如画，使游客流连忘返。

一 历史悠久古至今

新余，历史悠久。在市区东北部拾年山原始社会遗址出土的大量石器、陶器表明，远在5000年前的新石器时代，先人就在这里繁衍生息。自三国吴宝鼎二年（267年）置新渝县（分宜春置新渝，因境内有渝水，故名）以来，其行政建制几经变更。隋朝开皇九年（589年）撤县，并入吴平县。开皇十八年（598年）由宜春划出复置新渝县。唐朝武德五年（622年）撤县，分新渝东北部置始平县，县西南地域为西吴州。武德七年（624年）始平、西吴州俱废，复置新渝县。唐朝天宝元年（742年）县名因传写之误将“渝”改为“喻”，以后相承作“喻”。元朝元贞元年（1295年）因有人口5万余户，升为州。明朝洪武二年（1369年）改州复县，隶属临江府。清沿明制。中华民国时期也为县建制。第二次国内革命战争时期（1927—1937年），在中国共产党领导下，在此地先后建立大片革命根据地。

1930年5月在良山镇的上木元村成立新喻县苏维埃政府，下辖东区、西区、南区。1932年3月，新喻、峡江两县苏维埃政区合并，成立新峡县。新喻设水口、丰城、东路、姚泗等4个区。1949年7月14日，新喻解放，属袁州专区（专员公署驻宜春）。1953年，新喻县属南昌专区（袁州、南昌两专区合并，称南昌专区，专员公署驻南昌）。1957年5月，国务院公布，将新喻改名新余，该名沿用至今。

1958年，新余县属宜春专区（专署驻地由南昌迁宜春，改名宜春专区）。1960年9月，为适应钢铁工业发展，经国务院批准撤销新余县，设立新余市，由省直辖。1963年，由于新余钢铁工业建设规模压缩，撤销新余市，恢复新余县，仍属宜春专区（后改称宜春地区）。以后，新余地区工业建设复苏并得以迅速发展，以钢铁工业为主体的多门类工业形成体系，1983年7月经国务院批准恢复新余市，并将宜春地区的分宜县划归新余市管辖。1983年10月，江西省人民政府批准在原新余县管辖的范围内设置渝水区。2000年3月，市委、市政府决定设立中共新余市仙女湖风景名胜区委员会和新余市仙女湖风景名胜区管理委员会，赋予其县级党政管理职能。

二 环山抱水在新余

新余，地处北纬27° 33′ –28° 05′，东经114° 29′ –115° 24′。全境东西最长处达101.9千米，南北最宽处达65千米，距省会南昌市150千米，东临樟树市、新干县，西接宜春市袁州区，南连吉安市青原区、安福县、峡江县，北毗上高县、高安市。全市通行赣语。新余总面积为3178平方千米（占全省总面积的1.9%），其中渝水区面积为1785.92平方千米，分宜县面积为1391.76平方千米。

新余属亚热带季风性湿润气候，具有四季分明、气候温和、日照充足、雨量充沛、无霜期长、严冬较短的特征。地形西部以丘陵为主，东部为平原。地理位置在江南丘陵内，位于第三阶梯。

新余环境优美，按照“显山、露水、透绿”的原则，新余市巧做山水文章，着手进行孔目江、袁河抬水工程。目前，新余“一城四区，两江四岸”的城市框架基本形成，城市面积达60平方千米，人口扩充到43万人。新余资源丰富，境内的林科院亚热带中心，就分布着30多种国家重点保护的珍稀树种。

烟波浩渺、清澈澄碧的国家重点风景名胜区仙女湖，拥有水域面积50平方千米、大小岛屿99个，具有群岛峡谷曲水、植物基因种库、水下千年古城“三绝”，集“水文化”和“仙文化”于一体，山水相映，水天一色，可让人充分领略到“落霞与孤鹜齐飞，秋水共长天一色”的情境。还有洪阳古洞、昌山古刹、严嵩万年桥、大岗山、百丈峰、魁星阁等一大批自然和人文景观，以及近年市区新建的充满时代气息和艺术风范的袁水园、城区五湖、太阳城、毓秀山风景区等。

在加快发展的进程中，新余赢得了全国社会治安综合治理“长安杯”城市、“中国十大最具安全感城市”、国家知识产权试点城市、国家节能示范城市、全国职业教育先进城市、全国创

业培训示范点城市、全国质量兴市先进城市、国家人口计生综合改革试点城市、全国卫生城市、全国造林绿化先进城市、全国市容整治先进城市、全国双拥模范城市等众多荣誉称号。

新余风貌

三 人杰地灵才人出

早在20多万年前，新余先民就在这方水土辛勤耕作、繁衍生息。三国吴宝鼎二年（267年），新余就已设县，迄今已有1700多年的建城史。境内有新石器时代的拾年山、棋盘山等遗址。这方水土养育了一代才人。

（一）王钦若

王钦若（962—1025年），字定国，谥文穆，今江西省新余市城区东门王家人，宋真宗时期官高至宰相，也是北宋开国以来江南第一个宰相，为中国北宋初期的政治家，尤以主导编纂皇家书库《册府元龟》而知名。

王钦若石像

王钦若其貌不扬，任职宰相时有个绰号叫“瘿相”，但他颇具文功政论。他18岁作《平晋赋论》献给宋太宗，又有屏联曰：“龙带晚烟归洞府，雁拖秋色过衡阳。”太宗淳化三年（992年）登淳化进士甲科，历任亳州（现安徽省亳州市）的防御推官、秘书省秘书部、西川安抚使、翰林学士，咸平四年（1001年）任参知政事（执政副宰相），天禧三年（1019年）任皇太子（即其后的宋仁宗）之师，但一度失势。天圣元年（1023年）再任宰相，天圣三年（1025年）冬，兼译经使，病逝于前往传法院途中，赠太师、中书令，谥文穆。

王钦若在外交上一贯主和。景德元年（1004年）辽圣宗亲

王钦若主导编纂的《册府元龟》

征南下攻宋。宋真宗畏敌，听从王钦若、陈尧叟等大臣之计，欲南迁国都至金陵（今南京市），与主战派宰相寇准（961年—1023年）交锋激烈，尤其对“澶渊之盟”颇有异议，寇准后来被罢相，原因值得史家推敲。后与杨亿、陈彭年等奉命编纂《册府元龟》，此书与《文苑英华》《太平御览》《太平广记》合称为北宋“四大部书”。全书一千卷，是一座珍贵的资料宝库，具有很高的学术价值，编纂此书可谓功德一件。

后世人评价王钦若时，一般把他与寇准做比较，批判他对寇准进谗言及其为封禅而花费大量财货的行为。但亦有历史学家指出，二人的相争其实很可能是二人的背景不同使然：因为王钦若出身于富庶的江南，而寇准是华北人，所以寇准较属意于光复被侵占的故土，而王钦若却放眼于改善国家的经济，使国家变得更强盛。事实上，在王钦若执政期间，是北宋开国以来经济力最强的时候，而且更为南人参政开了先河。

（二）严嵩

严嵩（1480-1567 年），明朝人，字惟中，号介溪，又号勉庵，江西分宜人，执宰相位 20 年，为中国历史上颇具争议的权臣。

严嵩少时聪颖好学，往往过目不忘，8 岁时就书史成诵，能为文，属对有奇语。据《严氏族谱》记载，严嵩读私塾时，曾与其老师及叔父对联，语有曰：“手抱屋柱团团转，脚踏云梯步步高；一湾秀水足陶情，流珠溅玉四顾好山皆入望，削碧攒青；七岁儿童未老先称阁老，三旬叔父无才却作秀才。”因其出语非凡，被称为神童。

严嵩在多事之秋的晚明步入官场。在明孝宗弘治十八年（1505 年）中进士，改翰林院庶吉士，授编修。正德三年（1508 年）3 月和次年夏天，因其祖父和母亲相继去世，而回乡守制，中断了官场生涯。守制 8 年间，他在钤山之麓修建了“钤山堂”，过起了隐居生活，赋闲读书，以诗文自娱，一时间，“锐意名山大川，览胜寻幽，著述日富”，文学造诣日进千里，时人李梦阳说评“如今词章之学，翰林诸公，严惟中为最。”何良俊亦称“严介老之诗，秀丽清警，近代名家，鲜有能出其右者。”可见其声名鹤立。正德七年（1512 年），严嵩应袁州府太守之请，修《袁州府志》，于正德九年（1514 年）将《袁州府志》纂修完毕，该志体例颇有独到之处，严嵩因之声望日隆。此时，严嵩已然成为当时具有很高文学声望和社会影响力的人物，是故，正德十一年（1516 年）3 月，严嵩应诏复职，赴京重返仕途，或许巧于权衡，没有

严嵩书法手迹

黑白严嵩

卷入朝廷阁内旷日持久的“大礼议”之争。明世宗嘉靖七年 (1528年)，为礼部右侍郎，奉命祭告显陵，归而极言祥瑞，获世宗喜信，不久，改任吏部左侍郎，后又升南京礼部尚书，继改为吏部。嘉靖十五年（1536年），以贺万寿节至京师，时值廷议重修宋史，遂留京以礼部尚书兼翰林院学士衔主持其事。嘉靖二十一年(1542年）8月，以礼部尚书兼武英殿大学士入阁参与机务，开始掌握内阁重权，未几，又晋升为太子太傅。嘉靖二十二年（1543年)，升进吏部尚书，谨身殿大学士、少傅兼太子太师，少师、华盖殿大学士。嘉靖二十七年（1548年)，再任首辅，因年近七旬，年迈体衰，精神倦怠，加之还要日夜随侍在皇帝左右，没有时间和精力处理政务，遇事需要裁决，多依靠其子，“大丞相、小丞相”之谓从此不胫而走，“权倾天下”之说恐怕也就因此“有根有据”。嘉靖三十一年（1551年)，他被同僚弹劾奏诉“贪婪愚鄙”，并历数其“受将帅之贿，边防弛备”“受诸王馈赠，干预宗室事务”“揽御史之权,败坏政纪”“嫉贤妒能”等罪状，未被世宗治罪；嘉靖三十二年 (1553年)，又被弹劾指有“坏祖宗之成法”“窃皇上

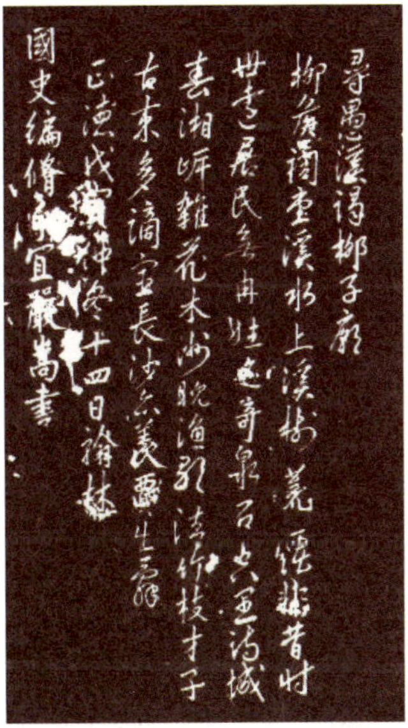

严嵩手迹

之大权”“误军国之机”等十大罪状、五大奸宄，亦予不究。82岁以后，为世宗所疏远，抄家去职，两年而殁，终年87岁，辞世前留下“平生报国惟忠赤，身死从人说是非”之绝笔。

严嵩一生著述颇丰，有《钤山堂集》《钤山诗选》《直庐稿》《南宫奏议》《历官表奏》《嘉靖奏对录》《南还稿》《振秀集》《山堂诗抄》等传世。其书法也很有成就，北京老店“六必居”三个字是他书写的，什刹海、景山公园、北海、故宫、山东曲阜等地都有他的书法作品，山海关的“天下第一关”也是他的手笔。这些对于研究晚明特别是嘉靖时期的政事和人物，都有重要价值。

尤其值得一提的是，尽管严嵩被广泛流传为中国历史上的十大奸臣之一，但是，今天严嵩故里介桥村的村民却不这么看，认为他做了诸如为民建桥、救济、慈善等不少好事，造福了一方百姓。这大概就是说不尽的严嵩吧。

（三）傅抱石

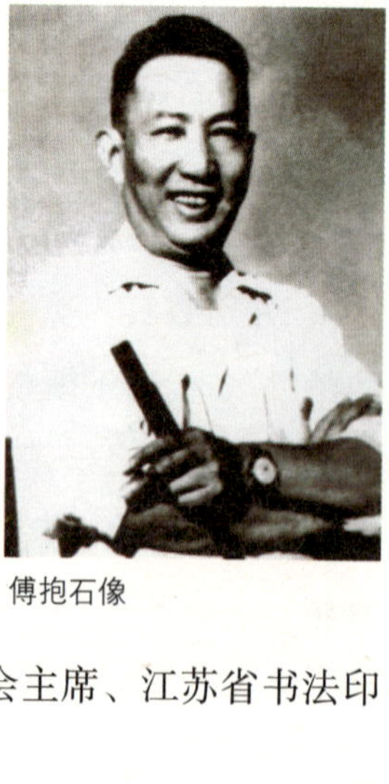
傅抱石像

傅抱石（1904 – 1965年），今江西省新余市渝水区北岗人，原名长生、瑞麟，号“抱石斋主人”，我国著名画家，国画大师，“新山水画”代表画家。新中国第一位到韶山写生的画家，开毛泽东诗意画创作的先河。是最先引导中国画走向世界的画家之一，为创作民族性问题在20世纪的提出与解决做出了重要的贡献。新中国成立后，曾任中国美术家协会副主席、美协江苏分会主席、江苏省书法印章研究会副会长、中国美术家协会副主席、美协江苏分会主席、江苏省书法印章研究会副会长，并当选为第三届全国人民代表大会代表、第二届政协全国委员会委员。1952 年任南京师范学院美术系教授，1957 年任江苏省中国画院院长。

傅抱石早年留学日本，在日本期间著有《中国绘画理论》和《论秦汉诸美术与西方之关系》，在许多领域都填补了美术史论研究中的空白。回国后大作不断，最负盛名的是《夏山图》和《丽人行》，前者被誉为“前无古人的奇特之作”，后者被徐悲鸿赞为“声色灵肉之大交响”，被张大千直呼为“开千年来未有奇，真圣手也”。新中国成立后继续蜚声中国画坛。

傅抱石吸取古代各家山水技法的精粹，其“抱石皴”的新技法更富于创造性，且其作品构思精熟、意境深邃，魄力雄迈，笔墨酣畅淋漓，不但开创了现代金陵画派的全新风格，而且富有强烈的时代气息，特别是对新中国成立后的山水画，起了继往开来的作用，其人物画，线条劲健，深得传神之妙。

《江山如此多娇》

丽人行

1958年他出版自选《傅抱石画集》，郭沫若为之作序，并在序中提出了“我国绘画，南北有二石。北石即齐白石，南石即傅抱石”。郭沫若还手书“南石斋”赠予傅抱石，而这本画集的出版，奠定了傅抱石在中国画坛一代大师的地位。1959年，他和关山月应邀为人民大会堂创作《江山如此多娇》，毛泽东亲为题句，影响深远，这在现代美术史上享有重要地位。以唐代诗人杜甫的代表作乐府诗《丽人行》为题创作的名画，在1996年中国嘉德秋季拍卖会上以1078万元成交，创造了当时中国近现代书画作品的最高拍卖纪录。

傅抱石是个多才多艺的大师，作品流传国内外，身边遗存的国画约有500幅，出版的画选、画集主要有访问罗马尼亚和捷克斯洛伐克写生的画选、《韶山》组画、《东北写生集》、《浙江写生集》、自选《傅抱石画集》，以及金陵出版社出版的《傅抱石画集》等。

傅抱石还是一位杰出的美术教育家，一生写了《国画源流述概》《中国绘画变迁史纲》《中国绘画理论》《木刻之技法》《基本图案学》《中国古代山水画研究》《明末民族艺人传》《人物山水技法》《中国的人物画和山水画》《中国美术年表》《石涛上人年谱》等150余篇（本）约200万字的美术论著。

为纪念傅抱石，新余专门修建了中国第一个以美术家命名的抱石公园，着力发展以表现、整理、挖掘、弘扬、传颂、提升现代国画大师傅抱石的人生追求、创作精神、艺术风格、艺术成就、艺术影响、爱国爱乡等为主要内容所形成的独特人文思想底蕴、社会核心价值内涵，以及在此基础上呈现新余文化艺术产业特质氛围的抱石文化产业。

（四）何大一

何大一（David Ho），祖籍为中国江西省新余市，于1952年11月3日出生于中国台湾的台中市，美籍华裔科学家，是当代著名的艾滋病研究专家、鸡尾酒疗法的发明人。

何大一

何大一于1974年以第一名的成绩获得加州理工学院物理学学士学位。之后，又于1978年获得哈佛大学医学院医学博士学位。从哈佛毕业后，何大一矢志不移地投身于医学事业，不仅成为一位出色的医师，还积极从事科学研究。何大一曾先后任职于麻省总医院、哈佛医学院、色远斯—西奈医疗中心、洛杉矶加州大学医学院及纽约大学医学院等著名医疗机构。何大一自1990年起任纽约艾伦戴蒙艾滋病研究中心主任至今，该中心是现今世界规模最大的私人艾滋病研究所。

1981年，何大一在洛杉矶色远斯—西奈医疗中心当见习医生时，接触到了最早发现的一批艾滋病病例。他是世界上最早认识到艾滋病是由病毒引起的科学家之一，也是首先阐明艾滋病病毒复制多样性的科学家之一。正是基于这种理解，何大一和他的同事们致力于研究联合抗病毒疗法，即鸡尾酒疗法。这种疗法将蛋白酶抑制剂药物和核苷类逆转录酶抑制剂及非核苷类逆转录酶抑制剂药物组合使用，能更有效地治疗艾滋病。1996年该药在发达国家投入使用以来，有效降低了艾滋病人死亡率，为早期艾滋病患者有效抑制艾滋病毒的蔓延而闻名于世。何大一于1996年被《时代周刊》评选为当年的风云人物，《时代周刊》评价何大一是为人类对抗艾滋病扭转乾坤的真正英雄。

（五）卢肇

卢肇（818—882年），字子发，生于唐元和十三年（818年）农历二月初三，唐代宜春县文标乡人，即今新余市分宜县杨桥乡观光村人，该村现有状元桥，在暮云（木叶）坳还有卢肇的墓，是江西第一个状元。唐会昌三年（843年），卢肇以辞赋魁天下。出仕之初，鄂岳节度使卢商征辟他任从事之职。随后，江陵节度使赠太尉裴休、太原节度使赠左仆射卢简求相继奏署他为门吏。不久，卢肇任潼关防御判官，接着任秘书省著作郎，又任仓部员外郎充集贤殿书院直学士，尔后又以朝散大夫持节歙州诸军事守歙州刺史。于是他观日月之运，察盈虚之理，作《海潮赋》呈献朝廷，得到皇上褒谕，皇上将此赋宣付史馆传之万世。此后卢肇移镇宣、池两州，最后迁为吉州刺史，并卒于任上。卢肇政事之余，勤于笔耕，一生著述很多，有《文标集》《届堂龟鉴》《卢子史录》《逸史》《愈风集》《大统赋注》等一百余卷，著述中比较著名的是《汉堤诗》《海潮赋》《天河赋》。卢肇的诗文、才智，特别是他的德行，在《唐摭言》《云溪友议》有所记载。

卢肇读书台位于仙女湖钟山峡景区。卢肇出身家境破落的书香世家，自幼颖拔不群，刻苦读书。大和五年（831 年），14 岁的卢肇拜谒宜春县令卢萼，卢萼惊叹他的才学，并预测其日后必有前途。于是他更加努力，常常把自己融入大自然的怀抱之中，刻苦读书。而钟山峡一带，森壁争霞，巨石萦云，蝉鸣鹤唳，水响猿啼，分天隔日，邈若仙境，理所当然地成为他首选的读书佳所，于是也就有了千古流芳的卢肇读书台。据《洪武图志》记载："卢肇读书台，在（分宜）县东十里，地名钟山。唐状元卢肇读书之所，故名。有龟砚石池在其旁。"再据《名胜志》所述："卢肇读书台，在分宜县钟山之侧。"又据《卢黄合稿》所录：卢肇读书台，"在分宜县东钟山麓"。为此，邓廷言曾作《钟山卢肇读书台》诗一首，以赞美这里秀丽的风光，抒发自己的怀古幽情：

卢肇石像

钟山高高钟水绿，昔有佳人在幽谷。

台荒只见草萋萋，万卷不留谁赓读。

（六）习凿齿

习凿齿（？—383 年），字彦威，东晋著名文学家，史学家。襄阳（今湖北襄樊）人。迁居今新余市渝水区白梅村，世代为荆楚豪族，东汉襄阳侯习郁之后人。习凿齿多才多艺，少有志气，博学广闻，以文笔著称，谈名亦称著一时。与清谈之士韩

习凿齿画像

伯、伏滔相友善。精通玄学、佛学、史学、主要著作有《汉晋春秋》《襄阳耆旧记》《逸人高士传》《习凿齿集》等。其中《襄阳耆旧记》是中国最早的人物志之一。《汉晋春秋》亦为影响深远的史学名著。习凿齿初为荆州刺史桓温的别驾（有“刺史之半”之称）。桓温北伐时，也随从参与机要。后桓温企图称帝，习凿齿著《汉晋春秋》以制桓温之野心。因忤逆桓温，迁为荥阳太守，不久辞职归乡。习凿齿亦精通佛学，力邀著名高僧释道安到襄阳弘法，亦在我国佛学史上产生深远影响。前秦苻坚攻陷襄阳，将凿齿和道安法师二人接往长安，说：“朕以十万师取襄阳，所得唯一人半，安公一人，习凿齿半人（因习有脚疾，故称半人）。”后襄阳为晋室收复，习凿齿被征以国史职事，未就而卒。习凿齿有三子：习辟强、习辟疆和习辟简。其中长子习辟强，才学有父风，元兴元年（402 年）位至骠骑从事中郎。

习凿齿代表作品有《汉晋春秋》《诸葛武侯故宅铭》《嘲道安诗》《襄阳耆旧记》等。

（七）刘敞

刘敞（1019—1068 年），北宋史学家、经学家、散文家。字原父，新喻（今江西新余）人。庆历六年（1046 年）与其弟刘攽同科进士，以大理评事通判蔡州，后官至集贤院学士。与梅尧臣、欧阳修交往较多。为人耿直，立朝敢言，为政有绩，出使有功。刘敞学识渊博，欧阳修说他“自六经百氏古今传记，下至天文、地理、卜医、数术、浮图、老庄之说，无所不通；其为文章尤敏赡”，与其弟刘攽合称为“北宋二刘”，著有《公是集》。

刘敞的文章颇有见解。例如《题魏太祖纪》说汉高帝哭项羽，魏武帝祭袁绍，都不是“匿怨矫情”，而是“慷慨英雄之风”；策问《孟轲教齐梁之君》说孟轲讥别人“言利”，而自己却讲“好货不害”，是“讥人甚详而自任太略”。这都是不同寻常的看法。此外，刘敞还有《疑礼》一文，说“今之礼，非醇经也”，乃“圣人之徒合百说而杂编之”。这也不是一般儒生的见解。关于文风，刘敞重实用而反虚浮。他的《杂说》写道：“今日之俗不矜节义而皆安于富贵，尚文章，文章济理者寡而为名者重。”他认为这是“将来之弊”。刘敞的文章比较质朴，自然流畅，近于韩（愈）、欧（阳修）。例如《送杨郁林序》说：“前世之所以能治也，为官择人；后世之所以不治也，为人择官。”写得慷慨激昂，很有情致。刘敞的诗流传下来的也有不少，五言诗、七言诗都不乏佳作。例如《圣俞挽词》：“孤宦众人后，空名三十年，交游一时绝，诗笔四方传。”简洁凝练，辞情相称。

刘敞在经学方面的主要成就表现在其对《春秋》的研究上。他的《春秋学》研究自出新意解经，颇多自得之处。著有《春秋权衡》《春秋传》《七经小传》《春秋传说例》《春秋意林》《公是集》等，还与其弟刘攽、子刘奉世合著《汉书标注》。他在金石之学方面造诣深湛，是个金石学家，且是我国金石学的开山人。他开私人收藏著录之先例，把家藏的十一件古器物，使人摹其铭文，绘其绘画，刻之于石，名为《先秦古器图碑》。

新余，一座新兴的工业城市，一座环境洁静、绿树成荫的城市，一座全国卫生城市、全国乒乓球重点城市和全国“双拥”模范城市，一座哺育过国画大师傅抱石先生的城市。新余，一座充满生机和希望的城市。

新余，有深厚的旅游文化，有秀美的旅游景区，走进新余，您会看到，一个个园林

CHAPTER 2

美丽新余

——目不暇接

式的生活小区分布在市区各处，一条条街道绿树成荫。这里满目翠绿，到处生机盎然，令人心旷神怡，呈现了“显山露水，河在城中，绿在树中，树在花丛中，四季见绿，小桥流水，鸟语花香”的生态和谐景象。新余的旅游发展给前来观光的游客留下了良好的第一印象。

一 丰富的旅游文化

（一）仙文化

仙文化为新余的发展注入了浪漫与和谐。

自古以来，仙女湖就以其山温水软、天清地馥而钟灵毓秀，生机勃发。考古发掘表明，早在20万年前，仙女湖的先民们就在这里繁衍生息，展示了6000多年的原始农业文化。1700多年前，东晋文学家干宝在他所著的志怪小说集《搜神记》中记载了这么一个故事：很早很早以前，有六七位披着羽毛神衣的鸟仙，一边飞翔，一边寻找梦中的乐土，当她们飞到豫章新喻县上空时，立即被这里梦幻般的景色所吸引，于是飘落下来，化作美丽动人的青春少女。她们在这里嬉戏、玩耍，连臂踏歌，玩到最开心的时候，情不自禁地脱下了身上的羽衣。此情此景恰巧被一位翩翩少年看到，他惊叹之余，顿生爱慕之情。他悄悄地将其中一件羽衣藏了起来，然后满怀激情地走了过去。仙女们发觉后，刹那间花容失色，赶紧披上羽衣，腾空飞去。那位找不到羽衣的仙女，却无法飞离尘世。然而塞翁失马，焉知非福。当她无奈地转过头来，用她美丽的双眼打量着走近的少年时，顿时被少年英俊洒脱的气质所吸引，两人一见钟情，缔结了一段仙俗奇缘。这个故事是古籍中关于“羽人”的最早记载，故事发生地就是今天的仙女湖。

“江山如此多娇，引无数英雄竞折腰”，当人们流连于仙女湖的山山水水时，总不免要吟诵这一抒情的诗句。是啊，仙女湖的景色是迷人的，正是这样的景色，陶冶了一代代的文人墨客。他们在这里认真读书，在这里接受心灵的洗礼，进行人生最初也是最重要的艺术熏陶。受到仙女湖文化气息熏陶的艺术大师傅抱石，正是其中的杰出代表。他的画作，在国际市场的拍卖价格屡创新高，为中国画家和国画艺术赢得了应有的尊重；他的艺术思想伴随着时间的推移而愈焕光华。最难得的是，他继承了仙女湖这片土地上文士热爱家乡的拳拳赤子之心，他虽然常年工作、生活在外地，却时刻不忘自己是仙女湖畔的人，每有新作，必在落款处写明自己的籍贯。如今，许多仙女湖畔的名人回乡省亲，更有无数才子告别家乡父老，到远方开拓新的天地，然而，不论他们走到哪里，沐浴过仙女湖光辉的人总不会忘记自己的家乡、自己的父老乡亲，以及家乡的仙女湖。

九天瑶池

自然的造化，大地的恩赐，使仙女湖山常绿、水长流。新余人民历来重视农业、手工业技术的发展，特别是重视钢铁的冶炼，留下了桂山、凤凰山的矿冶遗址，留下了许多有关矿冶的地名。宋应星的《天工开物》成书于仙女湖这片土地上，绝不是历史的偶然，这与新余重视钢铁冶炼的文化内容是分不开的。

红花草

仙境仙韵

仙女湖朝晖

仙女湖是母亲湖，是爱情湖。在这片秀山丽水之中，千百年来流传着像毛衣女下凡并与当地青年喜结良缘的大量爱情故事，滋养了赫赫的历代人杰，书写了仙女湖独特而厚重的文化，仙女湖的每一个景点都蕴藏和散发着爱情的浪漫气氛和深厚的文化底蕴。俗话说“百闻不如一见”,游客朋友们何不走进仙女湖，亲身去欣赏她的秀美，去感受她的博大，去体验她的爱意呢！

（二）抱石公园

以抱石为文化建立的抱石公园，为新余注入了丰厚的人文底蕴。

抱石公园是为纪念新余籍国画大师傅抱石而建，是中国首座以美术家名字命名的公园，是江西省重点文化设施之一。公园的设计与布局，力求体现傅抱石先生“阳春白雪”类的艺术风格，本着宁缺毋滥的原则，以“雅”置景。公园的主要景点，包括傅抱石展览馆、钦风楼、醉笔楼、抱石湖、双亭出水、水榭思石、曲廊夕照、坚石关、三笑桥、红雨桥、儿童乐

抱石公园

园、邀月亭、留芳亭、高风亭、观鱼池、花圃房、仰德亭、听涛亭、对弈亭、碧海松涛、艺峰塔，以及五千米游步道等等。

这是我国第一个以画家命名的公园，总投资达3亿元。建成那天，抱石公园里人山人海，彩球飞舞，彩旗飘扬，身穿红黄服装的鼓手群起擂锣，声声锣鼓响彻广场上空，披上节日盛装的抱石公园成了一片欢腾的海洋。这一天，对新余来说是一个特殊的具有纪念意义的日子，因为“抱石公园开园暨傅抱石先生雕像揭幕仪式”正式拉开了帷幕。

春风扬柳

湘夫人

抱石公园是1984年经江西省人民政府批准开始筹建的，1985年正式向市民开放，是我国第一个以画家命名的公园，随后逐渐成为市民主要休闲、娱乐的场所，每年到公园游玩的人数达10多万人。历经多年，抱石公园的基础设施和娱乐设施等功能已不能满足休闲、娱乐的需要，与我市经济社会发展也不相适应。为此，2006年5月，市委、市政府决定由政府投资对抱石公园进行全面改造，围绕“文化、休闲、娱乐”三大主题，将其改造成“全省一流、全国有名”的

兰亭图

公园。改造后的抱石公园保留了原有的傅抱石纪念馆等10个景点，新增了傅抱石先生雕像、月来舫、竹里馆、曲廊夕照、银杏大道等12个景点，新增了13970平方米的东广场和北广场，新增和疏浚了水系25700平方米，新建了长达580余米的公园北路。改造后的公园，草木葱郁、景色秀丽。

傅抱石先生是新余人民的杰出代表，是家乡人民永远的骄傲。抱石公园的改造和傅抱石先生雕像的建设，不仅是家乡人民深切缅怀傅抱石先生、激励后辈发奋努力的具体行动，同时也是市委、市政府加快城市建设步伐、提升城市品位，建设江西最美丽城市的具体表现。抱石公园的建成，不仅为新余增添历史文化内涵、塑造现代都市新形象注入了新的活力，而且从文化、娱乐、观光、休闲等方面入手，全方位改善了人居环境，给全市人民提供了集旅游、娱乐、观光等多功能为一体的休闲场所。

文化是城市发展的标志，新余市重视自身的城市形象，用一代艺术大师爱国敬业的精神来影响市民，影响城市文化的建设，在提倡和谐文化的今天，新余市的这一举措是值得借鉴的。

（三）天工文化

天工文化是新余最具核心竞争力的文化。

《天工开物》是我国明代时期一部综合性的科学技术著作，被誉为一部“百科全书式”的著作。300多年来，对世界经济的发展产生了重要影响。英国称之为“17世纪的中国工艺学”，日本称之为“中国技术的百科全书”。

《天开工物》的可贵之处，就在于其记述了工农业生产中许多先进的科技成果。用技术数据给予定量的描述，显示了先进的科学思想和理论阐述，注重引入理论概念，而不是单纯的技术描述。宋应星以“天工开物”4个字命名他的书，实际上也是以此展示他的一种具有普遍意义的科学思想，即天工开物思想或开物思想。这种思想强调天工（自然力）与人工互补，自

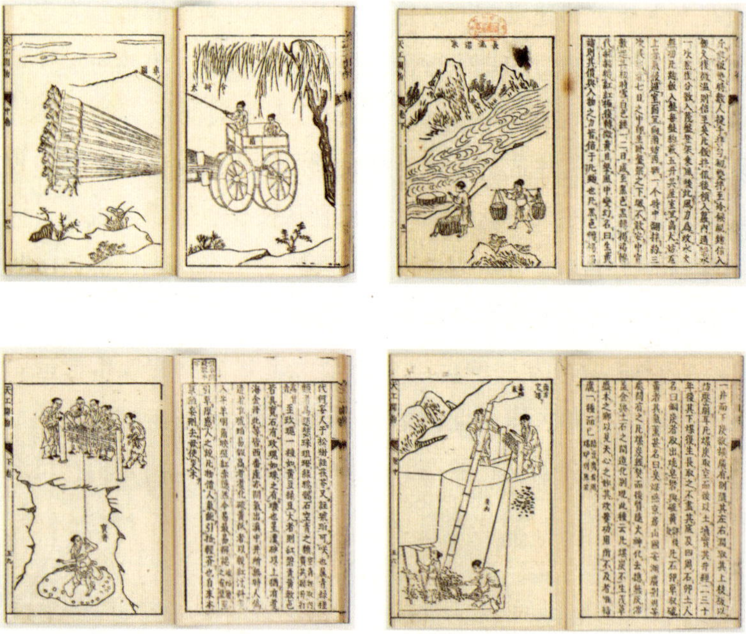

《天工开物》

然界的行为与人类活动相协调，通过技术从自然资源中开发物产，以满足人的物质与精神生活的需要，从而使人在自然界面前发挥其主观能动性。

宋应星虽不是新余人，但却是在新余任教期间成就了此书，书中也多涉及新余当时的科技文明，因而《天工开物》的著述，算得上新余历史上的一个重大事件，是新余最值得引以为豪、最富有挖掘价值的有根文化和本土文化。同时，由于《天工开物》是一部科学巨著，是中国古代人民智慧的集中体现，可以说与我们当前正在学习实践的科学发展观一脉相承，充分展示了新余这片厚土上悠远而真实的科学精神。对于新余而言，历史上还有什么样的事物能够像《天工开物》一样有着如此高的国际知名度、有着如此强烈的科学精神呢？

历史总会有惊人的巧合。300多年前，新余产生了具有世界影响力的《天工开物》这样一部科学巨著；300多年后的今天，新余人继承和创新了这一科学巨著的瑰宝，将天工开物的科学思想和科学精神完美的结合，产生了同样具有世界影响力的光伏（太阳能）产业。

可以这样说，光伏产业是现代化高科技产业的集中代表。当今世界，几乎没有一个产业能像光伏产业这样对人类社会发展产生如此深远和如此重要的影响，它既能产生重大的社会效益和经济效益，又能同时对能源和环境可持续发展起到巨大影响。

新余在大力推进光伏产业发展的同时，也在努力挖掘天工开物的文化内涵。当前，融教育与展示、收藏与研究、合作与交流、休闲与旅游为一体的“全国领先、世界一流”现代化综合性江西自然科学博物馆正在建设，将成为传承历史文化和天工文化、引领科学价值取向的科学殿堂，从而使天工文化成为新余的城市灵魂与城市的核心竞争力文化，成为新余学习、实践科学发展观的最为直接和生动的具体体现之一。

（四）佛教文化

新余佛传已久，至少在三国吴赤乌三年（240年）之前大乘佛教就已传入，宝鼎（266—268年）年建有静修寺（原名福胜寺），隋大业（605—618年）年间建有崇庆寺，唐朝时新建寺庙41所（蒙山成为禅宗在江南的重要道场），入宋以后新建寺庙达33所（新余籍高僧光佛照禅师名震当时并东传日本），至明清时，原新喻县辖境内仍有165所，后衰微。现在，佛教传承兴盛，崇庆寺被誉为江西“五好”宗教活动场所且属江西重点寺院，昌山庙信众遍及十余省，静修寺、圣集寺、云峰禅寺相继兴建，新余打造成江南佛教圣地。

1. 圣集寺 >>>

在江西新余仙女湖景区中心位置，有一座名为“仙人台”的山峰，曾经兴旺过“圣济寺”这一传统名刹，也曾留下过“肖公庙”“北山古寺”等宗教遗迹。仙人台位于大岗山与武功山两大山脉的汇聚之处，山体浑厚，首尾相连，势若游龙，从湖中望去，形似“狮子踏云而来”。仙人台周边有狮子洞、莲花谷、菩萨顶、达摩峰等数处景观，这些景观与文殊菩萨、观音菩萨、普贤菩萨的坐骑和法器极为相似。

特殊的山形地貌与灵异神迹互为印证的奇缘，使仙人台成为重建圣济古寺的理想选址，也得到了全国政协委员、中国佛教协会副会长、五台山得道高僧释妙江大和尚的心生喜爱和法眼青睐。4年来，妙江大和尚千里迢迢，跋山涉水，多次踏足仙

圣集寺

女湖仙人台，为重建圣济古寺选址进行考察验证，并将“圣济寺”改名为“圣集寺”，寓意为佛教圣地集大成者。

2. 千年古刹崇庆寺 >>>

崇庆寺原位于新余县城西门外百步许（即今新钢总厂苗圃内）。隋朝大业（611年），邑人唐兴舍宅为寺，名唐兴寺。宋

崇庆寺

开宝（968–976年）年间改为安和寺，太平兴国五年（980年）赐“崇庆寺”匾额。因其近龙泉，故称龙泉山。

新余崇庆寺创建时为院落式木结构建筑。新中国成立以来，崇庆寺保持了它最后一次重建的风格——清代穿斗式单檐木结构建筑，仅存大殿及西配殿和西僧舍。迁建后，崇庆寺地处新余市城北仰天岗九龙坡，坐北向南，东北西三面环山。崇庆寺是一处仿照古代木结构建筑的建筑群，其布局采取的是院落式与山林式相结合的方式。其中心位置是大雄宝殿，殿南为露台（也称月台），露台南面接有宽阔悠长的台阶。大雄宝殿两侧建有僧寮，东面僧寮的东南侧筑有斋堂。而在大雄宝殿后面的山坳中，还有一座海会堂（也叫海会塔）。此外，崇庆寺聘请湖北省大冶殷祖园林古建公司进行了规划设计，崇庆寺正在按照规划图的基本精神和实地操作的需求，开展寺院的基本建设，大殿后面的毗卢阁，大殿前面的天王殿、钟鼓楼、牌坊式山门及寺院后山的佛塔也在逐步筹建之中。

3. 云峰禅寺 >>>

百丈峰云峰禅寺是一座佛教文化景观建筑。百丈峰云峰禅寺位于渝水区、新干、樟树、峡江四市县区结合之处，于2009

百丈花海（赵春亮摄）

年9月开工建设，并将其列为渝水区重点打造的寺庙，以增强它对周边四县区的辐射力。云峰禅寺是祖师禅的龙兴之地，将祖师殿、法堂的建设置于重要位置，突出了“农禅并重”的道风，重现禅宗历史上“一日不作、一日不食”的景观，在生产劳动和日常起居中体现禅的平和与超越！

二 令人迷醉的旅游景区

（一）经典景区景点

这些年以来，新余旅游不断地开发、发展、日趋成熟，经典的景区依旧吸引了大批中外游客，令人流连忘返、赞不绝口。

1.“一湖爱情水” >>>

仙女湖风景名胜区位于新余市西南郊16千米处，是国家级名胜风景区、中国优秀景区、国家AAAA级旅游区、中国最美潜力十大湖、中国最美的湖泊型景区。它四季分明，气候十分宜人，全年平均气温为17.5摄氏度，湿度达80%，平均水温为26.8

仙女湖

摄氏度。日照1677.4小时，降雨量为1532毫米，无霜期达265天，相对湿度达到70%，具有丰富的自然、人文景观资源和历史文化内涵。

仙女湖，因1700年前东晋文学家干宝所著《搜神记》里的“七仙女下凡”故事而得名，是中国七夕情人节的发祥地，是明代科学巨著《天工开物》的成书地，是江西第一个状元唐代卢肇及明代名相严嵩的读书宝地，是养育现代国画大师傅抱石并激发其创作著名国画《江山如此多娇》的地方，是拍摄《欢天喜地七仙女》和《仙女湖》两部大型神话电视连续剧的影视基地，又因其仙境仙韵之妙，被誉为“九天瑶池”。

年轻的仙女湖

走进仙女湖，寻觅仙女的芳踪，聆听浪漫的绝唱，品位爱情的真谛，获得运动的愉悦，感悟历史的内蕴，见证文化的魅力，在这种畅游仙女湖山水的陶然怡情之外，畅享“旖旎风景这边独好、踏遍青山我做主”的飞扬人生。仙女湖，与你相约的心灵之湖！

仙女湖是年轻的湖。仙女湖在原有基础下修建了江口水库，使原有面积扩大了，江口水库地处新余城区西南20千米

丰饶的仙女湖

处，是江西省四大水库之一，相应水域面积为50平方千米，库区有大小岛屿近百座，还有40余座山峰和40余挂泉瀑，风光秀丽，婀娜多姿。1995年，新余市政府为了开发利用其旅游资源，将截江蓄水而成的江口水库统称为仙女湖。

仙女湖是美丽的湖。仙女湖秀美的湖光山色、古树名木、农舍村寨、响泉飞瀑，形成一幅幅天然图画。湖中的岛屿，姿

美丽的仙女湖

态各异，风姿绰约。在万顷碧波的仙女湖，既可观赏水天相连、烟波浩渺、渔帆点点的汪洋平湖；又可领略“碧簪”星罗棋布、山水缠绵相依、湖汊曲径通幽的迷幻世界；还可轻舟漫游在蜿蜒曲折、船动景移的湖光山色中。

仙女湖是丰饶的湖。仙女湖碧波之下，蕴藏着一个神奇的世界，水下古城、水中古桥、水底古堰、水下古石刻，堪称华夏一绝。湖泊四周群山连绵，林木繁茂，鸟语花香，生态环境绝佳，且时有四季鲜果，土特产品丰富。

走进民俗文化风情园，品糯米茶，尝竹筒饭，观傣族歌舞；与傣族姑娘、小伙同歌共舞，在碧影岚光之中，体验神奇的少数民族风情，宛如拥抱着如诗如画的世界。带着未尽的游兴，下榻群山环抱、绿树映掩的湖边山庄，草虫的低吟伴着轻柔的波涛、林涛，送您进入甜美的梦乡。朦胧中，您将羽化成仙，与众仙人们轻歌曼舞，缱绻无限。

仙女湖是欢乐的湖。仙女湖现已开发、开放自然风光、人文景观、动物野趣、娱乐参与四大系列的20余处景点，特别

仙女湖——神舟飞船

水上自行车

滑草

是开发了蛇岛、猴岛。在蛇岛与蛇共舞，在龙王岛同群猴斗智斗勇，您会油然而生超然物外的惬意。湖上还修建了水上餐馆——湖鲜舫，开发了热气球、水上滑板、水上摩托车、钓鱼场、天然游泳、跑马等游人参与性强、有刺激趣味的娱乐项目。乘上高速飞驰的水上摩托艇，踏上劈波斩浪的水上滑板，试一次凌空翱翔的空中飞伞，您会感悟人生的无限乐趣。

“七夕节”在中国民间被称之为“乞巧节”或“女儿节”，

仙女湖“七夕情人节”

是一个最具浪漫神话色彩的节日，也是古代女孩们最为重视的日子。在这个节日里，仙女湖将再度携手米兰婚纱连锁机构，隆重推出“第十一届中国仙女湖爱情文化旅游节”，共同打造中国传统文化中这一极具浪漫的节日。

“第十一届中国仙女湖爱情文化旅游节”以挖掘“七仙女下凡”传说、弘扬民族优秀文化传统、打造“中国七夕情人节”为宗旨，以高唱“情爱胜地”为主旋律，从全国各地甄选出999对美丽新人作为贵宾参加仙女湖浪漫之旅。其间的“评选最佳形象大使”“最佳美丽新娘”“真情表白”等一系列活动将次第登场，好戏连台。

仙女湖的主要景点有：

（1）桃花岛

桃花岛位于仙女湖风景区新码头，因岛上遍植桃花而得名。景区大门是一座仿古城墙式的建筑，很多墙砖上刻有“喻南学社”“红德润堂”“平恒公馆”“宋灵杰墙”“新喻县城砖”等铭文，原来这是建设者利用新余旧城改造时废弃的清明古砖修造的。岛上辟有古城楼、岁寒三友园、弹跳飞人等诸多景观。其

桃花岛远景

桃花岛

中以明代古碑“鲁班先师神位”和面积达20多平方米的千手树根为最，那树根古朴苍劲，虬枝盘结，充满酷态野趣。

（2）鸣禽苑

鸣禽苑是观赏百鸟的景点，位于仙女湖舞龙湖景区中心部位，四面环水，三面水又被山环抱，北面与若虹群岛隔湖相望，恰如一颗龙珠。岛上观鸟区有“百鸟天堂”“孔雀园”“鸵鸟园”。鸟艺区是一个鸟艺表演场，大小鹦鹉在驯鸟员的指挥下为游客表演各种节目。在绿茵草地上,数百只白羽吉祥鸽在悠闲地嬉闹。

鸣禽苑

（3）名人岛

名人岛位于仙女湖东部舞龙湖的西北部，是舞龙湖景区的重要组成部分。这是一座以新余古今名人为主要展示内容，按照中国江南园林古朴典雅风格建造的一个岛，总面积达65亩，有两个岛屿组成，主要有名人雕塑园、抱石园、红军炮台、醉笔堂四大景点。进岛的门楼正上方是由我国著名画家傅抱石先生的次子傅二石先生题写的岛名，两侧书写着苍劲有力的对联，旁边墙上则是《干宝于搜神记》《毛衣女下凡》的雕塑。在门楼的附近巨石镶嵌的青碑上，雕刻着《名人岛记》；占地约6700平方米的名人雕塑园，可以说是岛上一道独特的风景线，它从新余古今无数名人中筛选出十几位典型人物制成雕像，让行走其间的参观者在最短的时间内，就能将新余的人物风情粗览大概。矗立着的一个个书本、笔筒、毛笔造型的名人岛岛徽，象征着新余的名人和新余人民一道书写了新余的辉煌历史，也隐喻着名人岛是一本书，通过对新余名人事迹的了解，阅读新余的历史，吸取名人精神，从而励志成才。

名人岛雕塑

名人岛

（4）刀山火海

刀山火海是来自云南傈僳族青年为大家表演的上刀山、下火海节目。岛内古木参天，群鸟相鸣，环境幽雅，景色迷人。“上刀山”起源于云南傈僳族的一个古老习俗，游客朋友只要上岛

刀山

火海

一抬头，便能看见那望而生畏、高耸入云的刀梯。刀梯有32米高，由72把锋利横放的钢刀组成，勇敢的表演者在验刀、敬酒、烧香之后，凭借天神、地神、灵神的保佑，和着擂鼓声赤手空脚为游客表演惊心动魄、扣人心弦的“上刀山”。观赏那高超的技艺、娴熟的动作，上下攀若灵猴，而表演者全身则完好无缺，安然无恙。在这里，还可欣赏到佤族、彝族、白族等少数民族表演团表演的各种丰富多彩的民族歌舞。

（5）会仙岛

会仙岛位于仙女湖风景名胜区舞龙湖景区的东部，在江口大坝的西南。相传很久很久以前，有位新余少年在此偶会下凡的毛衣仙女，并与其中最美丽最年轻的仙女佳偶天成，由此而得名。会仙岛背倚两座犬牙交错的鹭鸟半岛，虽然这里是块只有250平方米面积的弹丸之地，却是观光者通往主要景点的咽喉。

岛上筑有会仙台，由会仙台和毛衣女下凡群雕两大部分组

会仙台

会仙岛远景

成。会仙台高约9米，平面为圆形，是带刹穹隆顶式艺术楼阁建筑，分为楼阁与楼座上下两部分。楼阁中为圆顶阁房，外缘则为八拱券形格扇门窗，呈耳状耸起，既像花瓣，又似羽人所披之羽。阁房之内直径约为10米，面积为30余平方米，布置有电子游艺室和《仙女湖风光展》。房外环绕2米宽的阁廊，是游客观鹭的场所。楼座是出售旅游工艺品、纪念品、土特产品的卖品部。

会仙台前面矗立着“毛衣女下凡”的群雕。它呈曲尺状，坐向110度，即坐西偏北20度，朝东偏南20度。雕塑基座上镌刻有东晋干宝所著《搜神记》卷十四中《田中毛衣女》的全文。群雕采用圆雕与高浮雕相结合的技法，从上至下雕塑7位心眸澄邈、神渟形凝的毛衣女，她们兰芬灵濯，玉莹尘清；凄心霄霞之境，炼容洞波之滨，挥舞玉臂，脚踏祥云，从天上飘然而下！

（6）龙王岛

龙王岛位于仙女湖风景名胜区东南面，距六合群岛 250 米，南北长 950 米，东西宽 750 米，面积为 51 公顷。它鸾回凤举，卓然嚣外，峨峨焉若望庆云之沓轸，浩浩焉似泛沧溟之无极。它的平面形似橄榄，又似台湾宝岛；立面呈等腰三角形，颇有日本富士山的风韵。它海拔 190.5 米，既是仙女湖最高的岛，与其龙王派头相适应；又处在四大湖湾的交结点上，南北翼护两大群岛，东西臣服诸多半岛，与其九五之尊位相吻合。岛上奇松与瘦竹竞秀，翠藤并野花争妍。东西两面山腰分别耸立着由聂朋先生起名的凝秀亭和潄影亭，两亭皆粉柱素檐、小巧玲珑。凝秀亭是一座石雕仿筒板瓦六角攒尖顶石亭，柱脚边安有石质坐凳栏杆，其外缘上衔向外倾斜的靠背栏杆。游人可以坐在坐凳栏杆上，倚着靠背栏杆歇息解乏。亭的正面镌刻一副胡明与

观景台

龙王岛

聂朋先生合撰、胡小勇先生所书的楹联“山色浮波怡目，湖光藏幽空心”。漱影亭则为石雕仿筒板瓦圆攒尖宝葫芦顶石亭，亭有六柱，柱脚边设坐凳栏杆，亭中有圆石桌和三个鼓形石凳。亭的正面镌刻胡明、聂朋先生合撰，胡小勇先生书写的一副楹联“一湾常留涟，百岛难得秋”，“一湾”是指该亭所在的大湖湾——洋田湾，“百岛”概指拥有百余个岛屿的仙女湖风景区。楹联形象地描绘了仙女湖风景区四季如春的湖光山色，隐喻游人在这里流连忘返、乐得其所。

顺着陡峭的游步道向上攀登，便到了龙王岛脊顶。这里既平坦如砥，又蜿蜒幽深，从南至北有凌水崖、龙王庙、邃怀亭、通雅亭与观日石五景。

其中，除龙王庙外，其余四景景名或亭名皆为聂朋先生命名的。沿着岛东天梯般的磴道上到岛顶，左面是一座石雕仿筒板瓦的重檐八角攒尖宝葫芦项石亭，亭名为邃怀亭，亭顶上下两重，每重各有八个角檐，它们舒身飞翘，并驾齐驱，既有挺拔之势，又予人以奇妙的曲线美。亭柱脚边，设置坐凳栏杆。亭的前后，分别镌有聂朋先生创作、王忠宪先生书写的两副楹联：“妙水妙山妙风妙月，妙不可言；春色春声梦春情，春尽销魂。”“岚光横眉千峰翠；湖色照面万花春。”从邃怀亭往南，便是龙蟠凤峙、耸壑凌霄的龙王庙，为歇山式庙堂建筑。屋顶覆有黄色琉璃筒板瓦，正脊之中置一宝瓶，两条腾行之龙隔瓶相向，正脊两端则饰有龙口大开、咬住正脊的龙头形正吻，相传该正吻能喷水防火，所以成了古建筑厌胜之法的象征。龙王庙是座山岛小庙，左、后、右三面屏以红墙，前面是檐廊及庙门。庙门为四扇格扇门。格扇门上面的格心，是棂条所拼的几何图案；格扇下面的裙板则为黄漆画花卉案。庙汴门楣高悬凌浩先生所书的“龙王庙”匾额。庙门两侧是漏明窗，窗棂以木条构成几何图形。庙的四周有一台基，台沿圈着石栏杆。庙中端坐着黄袍加身的龙王，据说这龙王呼风唤雨，神通广大。每当大旱，乡民们鱼贯而来，礼拜祈雨，辄有灵验。

从龙王庙再往南，抵达岛顶南端的凌水崖。这是一块苍松掩映下的巨崖，通体散发着气傲烟雾、势逾风雨的峻韵，其险绝不亚于庐山的龙首崖，况且其周围梦幻般的秀色，又有其独到之处；从崖上俯瞰四周，只见山重水复，云遮雾绕，大小不一、形态各异的岛屿，或连峰接岫、绵绵成韵，或分天隔日、空灵虚明。既像一颗颗镶嵌在水中的绿宝石；又似一个个碧罗罩体、幽态盈怀的睡美人！特别是美人那朦胧优雅、起伏连亘的曲线、更是让人心旷神怡！这不同于西方文明所注重的坚挺、直线与几何特点，而是渲染了华夏文明中讲究曲线，追求完美，崇尚深远、平远、阔远、迷远、幽远的意境！再说那些蜿蜒难尽的湖湾近看似一面面洁净的明镜，远眺像一条条缠绵不清、无穷无尽的白练！从岛顶南端折回岛北，首先映入眼帘的是通雅亭。这是一座石雕仿筒板瓦重檐圆攒尖宝葫芦石亭，六根亭柱之间设有坐凳栏杆，亭外有圆台，台沿建有石质单钩栏。在亭的前后，分别镌刻着聂朋先生创作、王忠宪先生书写的两副楹联：“四水寒光起，千山雾色开”“红日染碧岫，银月映清波”。由通雅亭北下，可以登上底部凹空、古趣横生的观日古，这是一块既棱角分明又浑圆滑腻的巨石，象征着行主智圆、逞才遂意的君子。伫立在这紫灰色的观日石上，既可以扫视岛东、北、西三面的碧影岚光，将半个仙女湖的景色一览无余，又可以西观日落、东仰日出，体悟腾身碧海、挥手红尘的最高境界！

（7）蛇岛

蛇岛位于仙女湖风景名胜区舞龙湖景区若虹群岛北面，面积仅有3.5亩。是一块稍大于会仙岛的弹丸之地。登上蛇岛，首先映入眼帘的是一块梅瓶状棕色巨石，其上镌刻“蛇岛”两个朱红大字，拙扑古雅，韵味悠长。许多游客纷纷在巨石旁留影纪念。然后他们沿着如意踏跺拾阶而上。踏跺的前段罩有30米长的葡萄架，使游客们恍入梦境，走完100级的如意踏跺，便到了蛇馆。蛇馆坐北向南，为封山式江南民居建筑。两侧山墙对称，为五滴水式叠落防火山墙。蛇馆面积为160平方米。正中的明间，面积有60平方米。这里陈列了蛇类图片及其标本，随着讲解员的介绍，游客对各类蛇的毒性、生活习性、医用功能及蛇伤防治等知识会有一个初步了解。两旁的厢房则为左右次间，分别设有工作室、蛇餐馆、卖品部等。卖品部内，有蛇药、蛇酒、蛇制品等商品出售。蛇馆之后凿有蛇池。120平方米的蛇池被分隔成4个小蛇池，分别饲养着各种蛇类1000余条，其中不乏珍稀蛇种。游客可沿台阶登上蛇池平台，从两侧往下观赏，既方便又安全。蛇岛还定时举行蛇技表演，既新奇又

蛇岛

惊险，令人叹为观止，游客若有兴趣和胆量，也可以与蛇共舞、同蛇合影，绝对刺激。

仙女湖山水天下秀，优美的自然风光和良好的生态环境，使仙女湖展现出广阔的发展前景，也使得仙女湖成了驰名全国的城郊湖泊型风景名胜区。人们无不感叹："此景只应天上有，人间难得几处寻！"仙女湖，不愧为天下名湖，人间仙境。

【小贴士】

来到了人间仙境的仙女湖，除了身临其境地感受到它的美，品尝仙女湖的鱼也是不可或缺的行程，仙女之吻、仙女散花、七仙女之约、月之朦胧、独占鳌头，这些都是仙女湖既经典又极具特色的菜肴。

地址： 江西省新余市西南郊16千米处

交通： 1.新余至仙女湖风景区：直接在火车站坐503路公交车（火车站—仙女湖站），票价为1元；2.赣州到仙女湖风景区：赣州乘坐火车或汽车至新余火车站后公交车至仙女湖，票价为3元；3.南昌市到仙女湖风景区：南昌火车或汽车至新余火车站后公交车至仙女湖，票价为3元

自驾游路线： 1.南昌：南昌—生厚高速公路—沪昆高速公路—大广高速公路—仙女湖大道—天仙路；2.杭州：杭州—长深高速公路—杭新景高速公路—龙丽温高速公路—沪昆高速公路—大广高速公路—仙女湖大道—天仙路

开放时间： 全天开放

景区门票： 160元（含大船票）

咨询电话： 0790—6856000

2."两江秀美城"

（1）孔目江国家湿地公园

孔目江国家湿地公园位于新余市孔目江畔，与毓秀山国家森林公园连成一体，是江西第一个国家城市湿地公园，也是目前江西所设区市中唯一的一个国家级湿地公园，总面积达3万多亩，是由河流、湖泊、库塘、泉眼和水田构成的复合湿地生态系统，堪称我国南方乡村湿地资源的代表和乡村湿地文化的典型。

孔目江国家湿地公园将通过科学有效的措施保护其湿地生态系统，充分发挥湿地对水源地的保护功能，优化新余生态环境为城市居民提供良好的饮用水和休闲旅游场所。目前，公园

孔目江景

花开时节

孔目江岸

休闲时光

已建成4000亩人工湿地景观，并向公众开放。

蓝天白云下，清澈的江水倒映两岸的青山与城市，水边廊桥千回百转，岸侧树丛婆娑摇风，繁花缤纷，异草争春，飞鸟

孔目江湿地公园

盘桓，小船悠荡，柔软的沙滩，凌波的浮桥，辘辘的水车，田田的莲荷，一派江南水乡独有的湿地与田园风光，构成了颐养新余的生态天堂。

“金沙碧水”只是孔目江湿地公园13个景点之一。除此之外，还有“绿水交融”“江甸文荟”“云天水庄”“芳菲翠堤”“花溪观鱼”“双桥映月”“闲心雅趣”“秋林唱晚”“丰水硕果”“梅竹冰心”“棕林水暖”“观景浮桥”12个景点分布在孔目江两岸，形成了一个南北长1322米的人文生态长廊。

另外，湿地公园还营造了市民看水、近水、亲水的生态水景特色，倡导将都市脉络向自然转化，使生态、文化、科技形成统一节奏。而以200多种名贵树木、花草植物打造的“春花、夏荫、秋色、冬绿”四季文化树木园，使你无论何时徜徉其中，都能有不同的收获，正可谓“不是杭州西湖，胜似杭州西湖”。

（2）袁水园城市公园

袁水园位于袁河北岸，东临新余大桥，西接魁星大桥，全长约2千米，原为荒丘斜滩，于2002年秋由新余市政府斥资建设，并因高就深，筑台垒石，植花种木，形成袁水北岸一条狭

袁河两岸生态景观带

正在崛起的袁河新城

长的绿化景观带，成为市民休闲娱乐的好去处。

袁水园以古代思想家雕相、群龙聚首石柱、映月喷泉及柳树成荫、红花绿草为主要景观，形成了以思想、探索和改革为主题的城市公园。

袁水园的东面临建有一个柱廊广场，广场中央的音乐喷泉，名为“映月喷泉”，音乐喷泉中有一石柱耸立，伴随着起伏的喷泉，该石柱被命名为“群龙聚首”，真是恰如其景。广场的四周矗立着许多灯柱，灯柱上留下了许多江西历代名人的诗词，以供游人欣赏。

袁水园的中段依次排列着15座思想者雕塑，雕塑了15位富

袁河

于思想的历史名人头像。这些名人分别是中国享誉世界最著名的5位人物：孔子、老子、孟子、屈原和蔡伦；江西在全中国最著名的5位人物：欧阳修、王安石、曾巩、朱熹和宋应星；新余在江西历史上最著名的5位人物：傅抱石、谢谔、卢肇、王钦若和刘敛。

15位思想者、15个闪光的名字，汇成思想的长河。而放眼四周，昔日的老城已成为繁华的都市，这一切不是正好印证了新余人民探索、改革的精神吗？来这里游览，相信大家一定能够得到这些思想者的点拨，开拓思想创新的源泉！

景区地址： 新余市渝水区沿江路

交通指南： 1.（102路）同创生态城—渝水教堂；2.（801路）信诚集团—三叠院；3.（301路）盛德花园—三叠园；4.（902路）渝水一中—火车站

景区开放时间： 全天开放

景区门票： 免票

咨询电话： 0790—6420869

【链接·袁河的传说】

很久很久以前，袁河被称为黑龙河，在黑龙河的源头有一条黑色的恶龙，此恶龙乃一畜生，生性残暴，经常把黑龙河的水吸干。这个时候新余出了个英雄袁水清，经过一番较量和黑龙同归于尽了，从此黑龙河改名为袁河。

3.“四座养生山” >>>

（1）毓秀山国家森林公园

毓秀山，原名仰天岗，乃北宋时宋钦宗所赐称，距今已有800多年历史，为新余的“祖山”，现在是国家级森林公园，位于江西省新余市城北中心区边缘，紧邻孔目江国家湿地公园，总面积达6.7平方千米，景区层峦叠嶂，树木葱郁，翠竹如画，怪石嶙峋，自然景观神奇美妙，其优雅的环境、多样的植被、宜人的气候，被誉为新余城市的后花园和天然氧吧。毓秀山有

鮠秀山

一片门、鸡冠岭、之字弯、兵帽石、象形里、凤凰里、蝙蝠洞、狮子流涎等神奇景观，有商周文化遗址，传说八仙之铁拐李、吕洞宾到过的仙人桥，新余历史名人刁詹士墓、张均海官厅，仙鹤拜墓，唐宋道观、佛寺，北伐战争旧址等，历史人文资源极为丰富。

峰顶有始建于唐、重修于明的仰岗庙遗址。如今，为了开发旅游资源，渝水区对仰岗庙重新进行了修建，新修建的仰岗庙祥云缥缈、瑞霭氤氲，它坐南朝北，面阔三楹，螭头高拱，鸱吻分张，气势恢宏，已成为鮠秀山森林公园的一个重要旅游景点。为了更好地丰富鮠秀山的内在文化，1999年渝水区在鮠秀山的山麓又成功迁建了崇庆寺。特别是崇庆寺的一期工程——居士林竣工后，吸引了南昌、宜春、萍乡等地的游人，以及佛教信徒前来观光、朝拜，高峰期曾一天接待了几千人。2000年10月，渝水区投资46万元建起了一条长2千米、宽6米的

【链接·仰天岗易名毓秀山的故事】

说起仰天岗的易名，颇具浓厚的神秘色彩：据新余茂山《黄氏族谱》和《新余县志》记载，北宋宣和七年（1125年），金人破辽之后大举兴兵南犯攻宋，大军很快逼近宋都开封，把都城围了个水泄不通。宋王朝仓促应战，派大将张孝纯、孙翊率兵迎敌，双方对峙鏖战数年，始终无法击溃金兵，宋徽宗一筹莫展。正在危难之际，忽见一道童手执令旗，画符念咒，在阵前指挥，挥动三军，驱兵掩杀，金人抵挡不住，纷纷败退，遂解都城之围。宋徽宗立即遣人追问道童姓名，道童回答：“我是新余仰冈道人。”

第二年，即靖康元年（1126年），宋钦宗继位，遂查道童根底，获悉道童系新余县（今新余市）人，名黄希嶂，字石丘，在62年前已经逝世。然其逝世后，常有英灵显圣，为民造福，乡人乃为之建立庙堂，四季祭祀，香火不绝。这次在国难当头之时，又显现真身，挥军御冠，保家护国。于是，钦宗皇帝惊叹不已，为褒奖英灵，遂降旨敕封黄希嶂为“真君”，赐法号为“仰天冈开山得道护国孚惠石丘黄公真人”，并为之重修庙宇，再塑金身，赐其庙匾曰“仰山孚惠灵祠”，遂将仰冈改为“仰天岗”，其旨意在于“仰仗天恩，使英灵显圣，护国佑民”之意，这就是仰天岗山名的由来。2011年仰天岗更名为毓秀山。

沥青马路，这条路像一条青纱带，把毓秀大道和毓秀山森林公园和谐地连接起来，为有效开发毓秀山插上了有力的翅膀。

景区地址： 新余市渝水区劳动北路附近

交通指南： 1.（公交循环2线）毓秀山庄—银河国际，途经毓秀山国家森林公园；2.（305路）毓秀山—火车站，途经毓秀山国家森林公园；3.（401路）崇庆寺—抱石公园，途经毓秀山国家森林公园

景区开放时间： 全天开放

景区门票： 免票

咨询电话： 0790-6490305

毓秀山是一个健身运动的好地方，天气晴好时，登山游步道上游客熙熙攘攘、人声鼎沸，一是因为爬山可以运动健身；二是因为毓秀山的景色钟灵毓秀，是空气清新的天然氧吧；三是因为登高还能远听崇庆寺的暮鼓晨钟，近看仰岗庙的禅意人生，将尘嚣杂想统统抛却脑后，然后轻松下山。登毓秀山其实

【小贴士】

毓秀山森林公园空气清新，环境幽静，是休闲健身的好去处，爬山时要注意以下几点：

1.鞋要合脚（以胶鞋和旅游鞋为好），不能穿高跟鞋，衣服要宽松（运动服和休闲服为好）；

2.随身要带一些水或饮料；

3.天气不好时最好不要去爬山，以免发生危险；

4.下山时不要跑着下山，以免收不住脚发生危险。

还有很多的乐趣和意想不到的收获，只要你喜欢爬山，一定会有不一样的快乐和感受。

（2）大岗山——亚热带植物宝库

大岗山自然生态

大岗山，素有“小庐山”之誉，人称“江西九寨沟”，是新余境内最高峰。位于仙女湖西南30千米处，该山界接分宜、安福、袁州三县（区），主峰海拔为1091.8米，是分宜县南屏障；这里横看成岭侧成峰，远近高低各不同，密布峻岭的原始森林、变幻莫测的云雾、奇形怪状的岩壁、崎岖蜿蜒的古道小径、常年倾泻的天然瀑布、回旋成群的龙潭。

景区地址： 新余市分宜县

交通指南： 开往分宜的班车和出租车可直达；

从新余市区到分宜大岗山瀑布的自驾路线：全程约为103.9千米，耗时一个半小时。

1. 从仙女湖向东南方向出发，沿大广高速公路行驶42.8千米，从安福/武功山出口离开进入安福互通,全路段收费；
2. 沿安福互通行驶760米，朝安福方向，稍向右转；
3. 继续沿安福互通行驶70米，右前方转弯；
4. 行驶4.2千米，左前方转弯；
5. 行驶5.4千米，稍向左转；
6. 行驶880米，右前方转弯进入环岛；
7. 沿环岛行驶100米，在第2个出口右前方转弯；
8. 行驶780米，右转进入S334；
9. 沿S334行驶6.3千米，右转进入S239；
10. 沿S239行驶30.9千米，左转；
11. 行驶180米，左转；
12. 行驶5.9千米，过镜口约200米后右转；
13. 行驶5.2千米，左前方转弯；
14. 行驶220米，到达分宜大岗山瀑布(在道路右侧)

景区开放时间： 全天开放

景区门票： 免票

咨询电话： 0790—6420869

大岗山

大岗山瀑布

大岗山还是亚洲最大的亚热带植物基因宝库，藏有23万份珍贵的植物基因，堪称中国一绝。大岗山有如黄毛洞等80米以上的瀑布12处，属国家级重点保护的珍稀动植物有40多种，还有虎、猴、獐、鹿、兔、石樟、银杏、水杉等，已建成一个国家级森林生态站1个。

【小贴士】

去大岗山看瀑布，建议春天、夏天去比较适合，冬天有点冷。山上没有吃饭的地方，爬完山后下来吃，建议身上带些干粮，或者可以带着烧烤的工具去烧烤，注意防火。

人文景观丰富多彩：有广庆寺、观音岩、胡仙洞、龙泉池、古驿道、黄子澄故里、朱德、彭德怀、萧克旧居等。

大岗山矿产资源也十分丰富，拥有极具开采价值的金、银、钨、钼、铋和高岭土。

（3）百丈峰——养生胜地

百丈峰位于江西新余市渝水区东南约40千米的南安乡境内，地处渝水区、新干县、峡江县三县交会处，属罗霄山脉，是武功山最东的余脉，是赣江、袁河的分水岭。主要山脉为东西走向，地势高峻，群峰耸立，蜿蜒15千米，宛如一条横空而卧的青龙。百丈峰主峰海拔424.2米，高逾百丈，因处于沃野千里的赣抚平原，尤显其高，故名百丈峰。

林山绿海

百丈峰景区属亚热带湿润性气候区，气候温和，阳光充足，雨量充沛，四季分明，年平均气温为17.7摄氏度，年平均降雨量为1573.6毫米。景区内森林面积达3079公顷，总蓄积量为21.6万立方米，森林覆盖率达90.8%。景区内百丈峰林场创建于1963年，属省级森林公园。经过数十年的精心培育和有效保护，已形成阔叶林、针叶林、竹林和灌木林等植被群落，并拥有近百公顷的原始森林植被，主要树种有杉木、湿地松、马

百丈峰

尾松、樟树、毛竹等，山峻林茂，绿潮叠涌，四季景色千姿百态；壑深潭幽，泉涌溪流，探幽访胜，其乐融融；空气清新，怡人心脾，休闲养生，延年益寿。天清景明，伫立峰顶，赣江如长练，农田似棋盘，烦忧因此而消隐，心胸为之而开阔。景区内野生动物资源也极为丰富，有野猪、水鹿、狼、麂、胡鸡、野兔、野鸭、山鼠、斑鸠、八哥、穿山甲、松鼠、刺猬、猫头鹰、猴脸鹰、银环蛇、蝮蛇、菜花蛇、水蛇、乌梢蛇、白鹭、黑天鹅等几十种，是野生动物繁衍栖息的天堂。

仙山神韵

百丈峰濒临赣江，形似青龙，是一方颇具灵性的风水宝地。其名有“百尺竿头更进一步”之意，亦含“步步高升”之寓，故古今达官贵人、平民百姓，多喜攀登百丈峰，祈求官运亨通、家业兴旺。百丈峰以灵秀而著称，云雾缥缈，卓然物外，是佛道仙山。史载：“百丈峰右之葛峰，山势峻拔，高出东境，上有葛仙坛，有仙人迹。”这里人文璀璨。从新旧石器人类生活遗址，到距今2000多年江南最早的寺庙雷庙，群峰之间留下自唐以来众多的寺庙遗迹，有南仙姑寺、圣井寺、石井寺、蓝塘寺、宝历寺、黄塘寺、保安寺、仙居寺、东角坛寺以及正在恢复重建的云峰寺等，道观遗迹有葛仙坛、雷祠、仙井等。百丈峰因仙而名，因佛而盛，清幽淡雅，享誉四方，炼丹始祖、道教名家、东晋名人葛洪，南宋著名理学家朱熹，元代文坛名家范德机、傅若金等历代名人纷至沓来，或修道参禅，或探幽访胜，留下无数胜迹名篇。

雄山烽火

百丈峰是一座雄山，地势雄险奇伟，曾留下许多英雄豪杰的战绩武功。在历史上，百丈峰为吴越分野之地，地处北达豫章、南下吉赣、襟带岭粤、西去潇湘的咽喉之地，故多次成

百丈峰

向日葵基地

百丈荷塘

登山游步道

百丈日出

【链接·斗鸡公和燕蚁菩萨斗法】

在百丈峰的山脚下，流传着一个亦真亦幻、妇孺皆知的美丽传说，就是斗鸡公和燕蚁菩萨斗法的故事。据传200多年前，在百丈峰山脚不远处的麽下村有个叫斗鸡公的道士，曾经在茅山学道，学成了一身非常高的法术。此外，在百丈峰山脚北面，槎源头对面有一座小山叫裴耳岭，小山旁有几块重达几吨的大石块堆叠在一起，大石块附近有一个燕蚁菩萨庙，里面住着燕蚁菩萨。两人一邪一正，至今还留下了他们二人斗法的动人传说。

为兵家必争之地，成为或严守或死攻的要塞所在。从古至今，百丈峰发生过多次战役，较为著名的有：石达开百丈峰火烧湘勇、李秀成伏击团练、毛泽东大败国民党军突围南下等。传说中的皇帝洞、岳飞点将台等遗迹更是让人感叹！此外百丈峰还是一处爱国主义教育基地，毗邻百丈峰山的罗坊镇有著名的“罗坊会议”旧址、红一方面军总部旧址、毛泽东开展兴国调查旧址、罗坊会议纪念馆。著名的《兴国调查》就是毛泽东同志在罗坊期间进行调查后整理完成的。

古山新景

百丈峰景区定位为养生度假休闲区，以“慢游”为理念，突出“养生”主题，景区规划由中端养生度假区、高端养生度假区、山林生态游赏区三大块组成，其中，中端养生度假区包括佛禅文化、仿古商业街、养生度假山庄、农家乐客栈、旅游观光花果园等建设项目；高端养生度假区包括高档度假山庄、马术俱乐部、抱石画家村、SPA水疗中心及其他养生度假

【小贴士】

由于百丈峰非常适宜徒步爬山，为了避免儿童、老人长时间连续步行造成损伤，宜穿舒适的布鞋或运动鞋，每晚按摩小腿以防止腿腹抽筋、脚底起水泡。

景区地址： 新余市渝水区南安乡

交通指南： 升往“新余—南安乡”的班车可到达，全程约有53.6千米，耗时一个多小时

景区开放时间： 全天开放

景区门票： 免票

咨询电话： 0790—6755866

设施；山林生态游赏区设有水上俱乐部、垂钓中心、篝火广场等。同时，利用百丈峰森林公园丰富的森林资源，延伸开发建设罗坊——百丈峰“修身养性”休闲区，使其真正成为以乡村型生态观光、体验式旅游为主的景区。

（4）觅胜探幽上蒙山

蒙山，在新余之北，距离城区45千米，连绵百里，气势恢宏，最高的白云峰海拔1004米。这里悬崖峭壁，层峦叠翠，群峰争秀，石岩怪诞，壑乱洞深，幽谷林密，涧溪交错，泉水叮咚。由于时常云雾缥缈，总有一片隐约朦胧的绰约风韵，好像少女蒙上一层神秘的面纱，蒙山由此得名。蒙山之中，古迹遍布，尤以书院众多而闻名，有南宋状元黎立武所创的蒙山书院，文天祥之父所创的竹楼书院，明初大理学家梁寅所创的正德书院及石门书院，清代户部侍郎、新余人晏斯盛所创的楚蒙山房，大多曾经盛极一时，名传四方。

蒙山是个万宝山。梁寅在《蒙山赋》中说：“山上宝藏璀

山水如画的蒙山

璨，碧钿珣，草鞠芳处处。飞禽走兽齐陈，表炎方之奇产，充天府之上珍，博物之张华无以辨其类，洽闻之郭璞曷能究其目？”足见蒙山的宝物之多。据初步考察，蒙山有金、银、铅、镁、钨、大理石等矿藏。钨是白钨，1985 年新余鹄山乡便挖到过十几吨，每吨价值 9000 多元；白云峰拥有世界稀有的钟萼木（又称伯乐树）；鳞甲，有鹰头龟和有几斤重的厂蛤蟆。

蒙山大理石，不仅藏量多，色泽美，且石质好，品位高，硬度性强，居全省首位。它可做各种生活用品、装饰品，也可做板材、建筑材料，20世纪60年代末建筑南昌革命纪念馆的大理石材料，就是从新余鹄山大理石厂运去的。上高大理石厂生产的“白云峰牌”大理石板材，连续获得江西省优质产品称号；水磨石厂生产的水磨石，已打入国际市场。

【链接·五龙朝拜】

传说上古时代，茫茫宇宙本是混沌一团。自盘古开天辟地之后，清淡为气者冉冉升腾，慢慢聚成蓝天、白云、日月星辰；浑浊为物者沉沉下落，慢慢凝成大地，丛生万物。时有黑、白、青、黄、赤五龙，在大地形成之初，因布设山河功业卓著，被玉皇大帝封于云蒙山下一处极其幽静的山间休养。天长日久，它们化作五条山脉，围云蒙山而卧，它们各有名字：牡丹峰、刀刃峰、北峰、南峰、莲花峰。于是云蒙山便有了“五龙朝拜云蒙山”之说。

生产大理石的规模逐年在扩大，其品种、产量也逐年增加。如

遍地是宝的蒙山

层峦叠翠的蒙山

上高县，1985年该县有大理石开采、加工的国有企业与乡镇企业各5家，已初步形成一个开采、加工体系。蒙山大理石品种有豆绿、雪花白、汉白玉、鸭蛋青、玫瑰红、桃红、浅绿、猪肝色等。其中，豆绿是全国大理石四大名牌产品之一，为世界稀有的高档产品。此外，蒙山还出产水磨石、花阶砖等产品。

【小贴士】

游客们要爬蒙山的话，尽量少带东西，带水就行了。最好结伴出行，尤其是晚上，单身女性或是小孩最好能随身携带一些必备的防卫工具。

景区地址： 位于新余市人和乡和上高大庙乡的交界处

交通指南： 1.自驾路线：骑兵连—下村—北宅—人和乡—蒙山，原路返回。全程约为75千米左右；2.开往“新余—人和”的班车可到达

景区开放时间： 全天开放

景区门票： 免票

咨询电话： 0790—6420869

4. 中国洞都 >>>

中国洞都旅游度假区位于江西省新余市分宜县洞村乡境内，洞村乡位于江西省分宜县东北部，东南界渝水区人和乡、下村镇、欧里镇，北和东北毗邻上高县南港镇、蒙山林场，西南河西北分别与双林镇、高岚乡相连，距县城33千米，距新余市区35千米，距省会南昌191千米，距大广高速洞村乡互通口9千米，地理交通位置优越。

（1）地质地貌

洞村属蒙山余脉，萍乡拗陷区或断陷盆地中局部隆起部位，景观地貌类型以砂岩、变质岩及岩溶地貌为主；地势东、西、北三面低山高丘，中为小盆地，海拔高度以300—500米为主。自然资源丰富，蕴藏了丰富的硅石灰、方解石、石灰石、铁矿石、木材、毛竹等资源，拥有丰富的优良地下水资源和溶洞资源。

中国洞都

（2）气象气候

景区地处亚欧大陆东部，属典型的亚热带季风湿润气候，雨量充沛，光照充足，气候温和，无霜期长，年平均气温为17.2度，年平均降水量为1643.6毫米；全年洞村无霜期达270天，适游期长。

（3）水系水文

区内水系主要为新余的母亲河——孔目江源头所在地，遍布山泉小溪，地表水和地下水资源丰富，为溶洞和地下暗河及丰富的喀斯特地貌的形成提供了有利条件。

神牛洞内景

（4）生物资源

景区所在县，分宜县森林资源丰富，森林覆盖率达66.2%，名贵树种有楠木、罗汉松、红豆杉等。分宜又是鱼米之乡，主要特产有夏布、茶油、杨梅等，素有“中国夏布之乡”之美誉。洞村乡南村还生长有百亩野生甜茶。这为景区旅游开发提供了重要的资源类型和旅游商品的原材料。

以洞村乡南村的神牛洞、楼下村的织女洞、元头坑村的汗毛洞群为主，方圆10余千米范围内密集了七八个奇幻多姿、特色各异的特大溶洞，成为华东地区密度最大的溶洞群之一。还要有神牛洞、织女洞、汗毛洞、双胞洞、出水洞、山腰洞等，各大溶洞景观丰富多彩，各有特色。

①神牛洞：雄伟绝特，绵延近2000米，洞长6500米，洞口高30余米、宽约10米，是中国已发现的罕见的峡谷型溶洞，它因洞口有一岩浆滴成的横卧巨石神似水牛而得名。入洞沿行，两侧峭壁陡立，气势磅礴，中间河谷深切，令人目眩，酷似实物的石床、石桌遍布，云盘阡陌，有如长城蜿蜒，石戏台硕大无比，岩顶“天幕”波澜起伏，钟乳石千姿百态、出神入化。洞内分布有万年神龟、金蟾戏水、神牛戏水、瀑布迎宾、悟空戏大鹏、万年灵芝、孔雀开屏、天马行空、天马潮、万年之吻、鸵鸟飞天、大象戏台、牛郎织女、芭蕉树等形象的奇石景观。

【链接·神牛洞】

相传，盘古开天辟地时，人间本没有“五谷”，人们吃的是树皮、野草，天上的金牛星认为人间太苦了，瞒着玉皇大帝，偷偷地将“五谷”种撒向人间，惹怒了天帝，将他踢下天庭。为了进一步惩罚犯天律的金牛星，玉帝又命王母娘娘将他变成了一头石牛，拴在一溶洞里。为了阻止人们救他，又在方圆几千米的地方安藏大大小小的溶洞四十多个，用以迷惑人们，使人难以找到，让金牛星永不得上天庭。可是金牛星为了百姓偷撒五谷的美德将永远留在人间。人们为了纪念他，将此洞称为神牛洞，在洞口建了一座神牛庙，朝拜忌祀他。

神牛洞景观

②织女洞：位于楼下村与南村村交界处，溶洞全长 1500 米，有着典型的峡谷型溶洞的雄、险、奇、美等特点，石头造型多种多样，秀丽的石花，典雅的石塔、石柱、石笋，雄伟的石幔、石旗、石瀑布，还有清澈见底的长寿泉、银白耀眼的月奶石和闪烁发光的彩光壁等，汇集了岩溶洞穴沉积的精华。洞中主要景观有九龙戏水、月奶石、梦幻织锦、相思砾滩、织女暗河，织锦瀑布等。它以水取胜，洞前瀑布高悬，水声如雷，洞内水流滔滔，莫测高深，可开发洞内漂流。

③汗毛洞：洞中空阔，酷暑热天，至此即寒，故名寒坡洞，位于谷山元头坑村，以旷争雄，以幽称奇，共有三洞，洞厅极为宽敞，洞内钟乳倒悬，地下暗河发育，各种造型巧夺开工，惟妙惟肖；洞内小洞接大洞，旱洞套水洞，洞洞相连，洞洞皆景。

④双洞：毗邻汗毛洞，由旱洞和水洞两洞组成，洞长约 90 米，宽 8—10 米，洞中石钟乳、石笋、石柱、石幔、石花、石瀑布等形态丰富、惟妙惟肖的自然景观，保存完整。

⑤出水洞：洞口开阔，石钟乳、石笋、石凳、石柱、石台、石室，宛如一个天造地设的溶洞套房。站在洞口，可俯瞰整个汗毛洞山窝。

景区自然与文化奇观典型二十景，体现了自然山水景物和人文景物相结合的风景环境，具有重要的观赏价值。其主要观赏特色在于岩洞奇异，生态环境优越，自然景色迷人。

雄。中国洞都的神牛洞、出水洞、汗毛洞、织女洞等溶洞大多为峡谷型溶洞，两侧峭壁陡立，气势磅礴，中间河谷深切，暗河流水流速快，有如长城蜿蜒，石戏台硕大无比，岩顶“天幕”波澜起伏，气势恢宏。

奇。中国洞都溶洞群分布密集，溶洞结构奇特，入洞游观，可见洞连洞、山连山，洞中藏山，山中卧洞，方洞、圆洞均有分布；

洞内景观丰富多彩，类型齐全，曲径通幽，奇幻无穷；洞路弯曲，时而扶摇直上，时而笔直流远；洞壁千姿百态，任由乳白色熔岩凝结挥发而成；石幔、石椅、石桌、石花、石柱、石瀑布、石织锦其形各异，尤以带倒钩的石钟乳发育为世间罕有；洞前瀑布高悬，水声如雷，洞内水流滔滔，莫测高深。游人置身这梦幻般的奇洞仙境，不禁浮想联翩，增加豪情壮志，催人奋进。

险。溶洞大多属峡谷型溶洞，洞壁陡峭，许多钟乳石等沉积景观参差错落，看似欲坠，形态峻峭、气势险峻。织女洞出口流水与地面形成100余米的落差，倾直泻下，犹如一条巨型白龙，从悬崖上匍然而下，伫立洞口，雄奇险峻，欣然欲飞。险峻之美可以激励人们不畏险阻，百折不挠，奋力前进，适宜开发溶洞探秘、探险旅游等项目。

幽。溶洞密布，溶洞峡谷高深，环境封闭，使人超然世外，潜心静思，最宜养性怡情。

野。驿道古亭春色，白鹭归巢，山峦重叠，野趣横生。自然环境极好。可在此享受青山、碧水、田园、白云的幽静空远和野趣。

趣。鹊桥钓月、田园漫步，溪畔骑车，溶洞星罗棋布，各具风姿，各有赏玩之处，自有不同意趣之境。

【小贴士】

出神入化的神牛洞，置身其间，神清气爽。由于山泉溶洞地面潮湿，游客们宜穿舒适防滑鞋，小心地面打滑。

景区地址：位于新余市分宜县洞村乡南村

交通指南：到新余客车站坐分宜的公交，到分宜新汽车站下车，转洞村的班车，到了洞村租车前往

景区开放时间：全天开放

景区门票：免票

咨询电话：13755581177

5. 罗坊会议纪念馆

罗坊会议纪念地是江西省红色旅游经典景区、中国井冈山干部学院现场教学点、国家重点文物保护单位、省级爱国主义

教育基地。位于渝水区罗坊镇袁河东岸，距新余市区20千米。1930年10月25日至30日，毛泽东在新余渝水区罗坊镇陈家闹主持召开了红一方面军总前委与江西省行动委员会联席会议，史称“罗坊会议”。为了纪念这一重要会议，于1973年开始兴建罗坊会议纪念馆，并于1976年开馆，建筑面积达2200平方米，是一组颇具民族风格的以四合院为主体的建筑群。罗坊会议纪念地包括陈家闹罗坊会议旧址、院前村红一方面军总部旧址、彭家洲兴国调查会旧址等8处革命纪念地，是一个专题性的党史纪念地，也是进行革命传统教育的重要阵地。

罗坊会议纪念馆

罗坊会议纪念馆设有1个序厅、4个别展室，还有电视教育

罗坊展厅

室，来宾接待室及省文博干部培训大楼，内设有套间、客房、餐厅、会议室。馆内辟有花圃，点缀盆景、雕塑，馆舍在一片橘林绿树环抱之中，青翠掩映，鸟语花香，风景十分优美，是一个集教育、旅游、娱乐、休闲、食宿为一体的，设施齐全、环境幽雅的好场所。

【小贴士】

展馆通过丰富的实物史料、历史图片、文字图表、绘画雕塑等艺术形式，利用“声、光、电”等手法，形象生动地介绍了罗坊镇会议前后的众多历史事件。

景区地址：新余市渝水区罗坊镇

交通指南：在新余一中大门口坐姚墟，新溪，新干，南安的班车，过了罗坊大桥就是罗坊会议馆，半小时可到达

景区开放时间：8:00—19:00

景区门票：免票

咨询电话：0790—6741019

馆内展出的主要文物有：当年罗坊会议的决议，毛泽东、朱德同志在罗坊颁发的命令，罗坊会议用过的桌子，红军战士和苏维埃工作人员及赤卫队员使用过的马灯、文件箱、印鉴、武器、袖章及红军家属证、互济会员证等革命文物100余件。

6. 万年桥

万年桥

万年桥，又名万岁桥，俗称东门桥，横亘于仙女湖钤阳湖

景区南部，全长384米，通宽7.68米，是一座拥有11孔的大型石拱桥，也是古分宜城通往南方的主要通道。

万年桥为省级重点保护文物，建于明崇祯七年（1634年），至今已有360余年历史，为江西今存最长的石拱古桥，桥长410米、高10米。桥基坚实，桥身轻巧，自下而上用青石发卷砌成，拱圈采用纵联式卷砌法，桥墩前尖而高昂，后墩方而低矮，有昂首挺胸迎水之势。

从构造上看，万年桥可分为面、身、基三部分。桥基由10座千枚岩石垒砌的桥墩组成，每墩皆嵌有风格粗犷的吸水兽。从桥墩迎水面呈锥状坚挺的分水金刚雁翅墩，既奇伟挺拔，给人以艺术上的审美愉悦，又分滔息浪，减缓了河水的冲力，巧妙地发挥了桥基的自我保护功能，使得桥体经历400多个春秋的风风雨雨依然安然无恙。桥面宽阔平整，铺着大青石板，两翼护以望柱与栏板连环相扣的石栏杆，栏板上琢以珍禽怪兽和奇花异草，栏杆两端衔有两对抱鼓石，恰好与桥头的两对石狮背脊相对，而在桥北约500步处，有一尊石雕，石龟驮着高2米、宽1米、厚0.3米的《分宜县万年桥记》碑。

万年桥湖景

【链接·万年桥】

嘉靖三十五年（1556年），明军进剿倭寇取得重大胜利，寇首相继落网，一时献俘京师，君臣同贺。趁着这喜庆的气氛，分宜百姓通过严世蕃，致函其父严嵩，倾诉因为城东清源古渡浮桥的经常损毁所带来的不便，请求改建石拱桥。严嵩慨然允诺，一面派严世蕃赶回分宜，在清源石渡东边选定桥址，一面亲赴江浙考察桥型，聘请工匠，购置石料，以大船装至樟树，再换装小船溯袁河运回分宜。整个工程始于当年9月，次年6月竣工。耗银2万余两。新桥落成后，取名为万年桥。

万年桥远景

清顺治十三年（1656年），严嵩曾孙——参将严云从重建碑亭。乾隆七年（1742年），桥东侧石栏倾移，分宜介桥严姓合族重修之。1921年，分宜县集资重修第三孔。1946年，桥南第四墩塌石过半，分宜县参议会拨款100万元修缮。1958年兴建江口水库，分宜县城乔迁新址，万年桥便同老县城一起被淹没了。后来，为了勘测或通航的便利，跨度为14.4米的中拱被炸毁。

【小贴士】

万年桥每当枯水季节，那悠长的身躯便全然探出水面，这种海市蜃楼般的妙趣，这种饱经沧桑的残缺之美，使之成为游客竞相凭吊的胜地。

景区地址： 新余市仙女湖风景区钤阳湖南部

交通指南： 乘坐开往仙女湖景区的502路、503路公交车，即可到达

景区开放时间： 全天开放

景区门票： 免票

咨询电话： 0790-6856000

7. 抱石公园

抱石公园位于新余市抱石大道西端的龙虎山上，是为纪念新余籍国画大师傅抱石先生所建，这是我国第一座以美术家名字命名的公园，也是江西省重点文化设施之一。

抱石公园内占地面积为43公顷，主要格局分为繁、雅、秀、融、乐5幅画卷，其间分布了新余傅抱石纪念馆、观湖台、

抱石公园

坚石关、仿古景观塔等景点。公园内松林葱郁、湖光山色相映成趣，楼廊亭阁错落有致。进入园内，举目皆景，随处成画，整个公园实际上就是一幅山水画的组合，充分体现了抱石先生山水画的精髓。

公园门石：抱石公园是开放型公园，所以没有大门之说，看到这块门石就表示已经进入了公园地界。大家看这是一块长7.2米、高2.8米、重达80吨的巨大黄蜡石，由中国书法大师赵朴初先生题写的“抱石公园”4个大字，苍劲雄浑。

仿古景观塔：高达70余米，是整个公园的标志性建筑，登上塔顶，塔顶是观赏新余面貌的最佳地点，可以一览整个新余

抱石公园绿树成荫

的城市风光。

观湖台：该景点主要是由钢结构和木栈道构成，由金石篆刻为主题，以观湖景为特色。傅抱石先生是杰出的金石篆刻家，这个景观是以他的部分作品为题材而设计的。

傅抱石纪念馆：纪念馆前有广场，纪念馆大门为门楼式仿古建筑，在廊柱上由里到外有两副对联，大门上方横匾楷书“傅抱石纪念馆”。外围墙是白墙碧瓦，门楼为两层两重飞檐，雕梁画栋、十分精美。纪念馆大厅进门摆放抱石先生雕像，背景是他的代表作“江山如此多娇”的浮雕墙，左右展厅设有他的生平事迹及其作品两大陈列室，中央展厅供新余市文艺作品及其他大型展览之用，主体建筑周围修建庭院，庭院内铺设仿古地砖、园路，布置了太湖石，湖边点缀了小竹子，整个庭院与建筑相互协调，浑然一体，既有很好的教育纪念意义又是市民参观浏览的佳景之一。这里是公园中最重要的景点，它占地面积为8000余平方米，建筑面积为2400平方米，是典型的江南庭院建筑。景区的主要景点有：

（1）竹篱馆：在傅抱石纪念馆旁边，是专供文人墨客赋诗作画，切磋技艺的好地方。有兴致的游客也可挥毫泼墨，留下墨宝。

（2）动物园：这是孩子们的乐园，园内有很多种大小动物，小的有蛇、龟、鸟等，大的有老虎、狮子、棕熊等，还有调皮的小猴、美丽的孔雀、温顺的梅花鹿。最引人注目的还是白老虎。

【链接·抱石公园】

抱石公园是为纪念新余籍国画大师傅抱石而建，这是中国首座以美术家名字命名的公园。公园的设计与布局，力求体现傅抱石先生“阳春白雪”类的艺术风格，现已建成傅抱石展览馆、东大门、南大门、钦风楼、醉笔楼、抱石湖、双亭出水、水榭思石、曲廊夕照、坚石关、三笑桥、红雨桥、儿童乐园、邀月亭、留芳亭、高风亭、观鱼池、花圃房、仰德亭、听涛亭、对弈亭、碧海松涛、艺峰塔等景点以及5千米游步道。

抱石公园的湖光山色

每个动物的笼房前都挂有动物的介绍牌，将动物的特性、生活地域介绍得很清楚。

（3）坚石关：是门洞形跨两边小丘而建的一座仿古代城关的建筑，关门旁有对联一副，关上有四柱四角、古香古色的一个凉亭。说是关，但是没有门，看来是没有关的功能，可是却有心关的寓意，什么关都是人可以过的，唯独心关难过。特别是对搞艺术创作的人来说，那更是一道很难突破的障碍。

（4）抱石湖：去抱石湖的路上绿树成荫，林暗幽静，但抱石湖却是另一番景象，一片热闹非凡的场面，可以

【小贴士】

二湘亭是一座重檐四方亭，是根据抱石先生的作品《二湘》设计的，亭旁摆放着舜妻——湘君娥皇、湘夫人女英的圆雕像。二湘亭立于莲池之中，以曲板小桥接岸，景色独特。除了丰富的文化艺术外，抱石公园的游娱设施也丰富多彩，有猴馆、秋千、骑马、溜溜板、跷跷板、秋千船、猴拉车、碰碰车、摇摆机、哈哈镜、电动马车、欢乐海洋、空中游戏机，等等。

景区地址： 新余市渝水区抱石大道西端

交通指南： 公交路线：1.（103路）钢丝厂—火车站，途经抱石公园；2.（401路）崇庆寺—抱石公园；3.（602路）一机修—公园北村，途经抱石公园；4.（701路）火车站—二化，途经抱石公园；5.（901路）公园北村—火车站，途经抱石公园

景区开放时间： 全天开放

景区门票： 免票

咨询电话： 0790—6420869

在湖上荡舟，可以在湖边赏花，而双亭出水、曲廊夕照是这里的两处独特的景点，也是情侣喜欢流连的地方。

抱石公园不仅是展示、宣传、纪念傅抱石先生伟大艺术成就的重要场所，而且成了傅抱石艺术研究、艺术创作、艺术培训的中心之一。此外，这里还是市民和游客观光、休闲的好地方。

8. 严嵩故里 >>>

严嵩故里——介桥村，是严嵩出生和生活了几十年的故乡，它坐落于江西省新余市分宜县城郊东南角，背倚袁岭，面临省道清萍公路。“介桥”一名，最早见于五代时期（907–960 年间）毛文锡撰的《茶谱》:“……袁州介桥其名甚著，不若湖州之研膏、紫笋，烹之有绿脚下……”介桥自然村的村民是与严嵩同族的严姓后裔。

严嵩故里现有明清古祠堂 9 所。其中人文价值最高的要算已经成为文物保护单位的毓庆堂。毓庆堂并不是严嵩所建，而是第九代世祖严竹坡创建的，至今有 600 多年的历史，前后有

严嵩故里

过 3 次缩前扩后的大修。毓庆堂分上下三进，其中，中上进仿古修缮后基本保留古迹原貌，地下的方砖和厅中的木柱均为古迹。上进经过去年的仿古修缮，基本还原了 20 世纪 50 年代的模样。毓庆堂外墙门楼，上书“方伯世家”，两侧为清乾隆朝宰相朱轼考察介桥村时留下的一副楹联：“介水流长，连绵甲第金瓯固；笏峰俊秀，璀璨人文玉树芳”。1944 年前，毓庆堂内悬挂的牌匾有 124 块之多。有明朝永乐年间以来遗留下来的大量文物古迹，其中包括史可法、刘统勋、袁世凯、戴季陶等历史名人的真迹。而“藩侯官邸”“宰相神龛”“廉石”以及朝廷诰封、名流楹联等，现只有一小部分保存至今。

严嵩史料馆位于毓庆堂后，内有严嵩像、严嵩手迹及有关文物，100块碑刻记录了他一生的事迹。严嵩生于1480年正月22日，死于1566年4月21日，字惟中，号介溪，别号勉庵，时称严分宜，位居明朝辅臣20多年，一生经历明朝五代皇帝。他5岁入书塾，8岁有神童之名，19岁中举，26岁中进士并入翰林院任侍读，63岁拜相入阁，83岁退休回归故里，86岁遭遇抄家之

严嵩故里

难，享年87岁。其一生的生、死、铃山隐读等重要时刻共40年时间，都是在分宜度过的。他著有《钤山堂集》《南宫奏议》《历官表奏》《嘉靖奏对录》《直庐稿》等近200万字的书稿，至今在北京地区、山东曲阜孔庙、杭州西湖、辽宁锦州、山海关“天下第一关”、天津独乐寺等全国近20个著名景点里，还留有他的书法手迹。

“瑞竹堂”是严嵩故居和启蒙拜师的地方，位于村中偏东。据传为严嵩上溯第七代祖所创建，距今已有600多年的历史。因为房前有一片秀美可观的竹林，严嵩曾专门为此写过一文——《瑞竹园》，收录在他的《钤山堂集》中。目前此地仅剩半堵墙角，墙角上雕有半身大象。村中还有珍贵的宋元古樟群。20世纪70年代，上海同济大学著名园林专家吴人伟专程考察介桥村时，统计樟树有40多棵，现只存30多棵，其中最大最久远的一棵是“樟树王”，距今有500多年历史，却仍郁郁葱葱。该树最大直径为4.2米，树冠避地面积约为1亩。

景区地址：新余市分宜县城郊东南角

交通地址：可以在汽车站坐开往分宜的大巴，到了分宜然后再坐出租车直达

景区开放时间：全天开放

景区门票：免票

咨询电话：0790-6420869

9. 白梅古村 >>>

江西省新余市白梅村是个有着1600年历史的古老村落，曾经是东晋史学家、文学家习凿齿隐居之地。这里不仅有着古老的文化，还有着得天独厚的自然景观。环顾四周，双峰如笔起秀于右，石峡耸峭横于左，叠嶂环列于前，峰峦凝凤于后，田园阡陌，溪沼交映。真可谓是山环水绕、土滋地润之域，漫步于白梅境内，犹如谛听到远古的呼唤，可以饱览绿荫盖地的古老樟树、年代悠久的石桥和古色古香的祠堂，还可以感悟灵山

秀水、古朴的名宅、淳朴的民风……有着别致的韵味，更能感悟这里古代文化的底蕴以及人杰地灵的现代文明。

白梅村，位于新余市城西北24千米处，这里依山傍水，东面与下村镇接界，西面跟分宜县洞村乡接壤，南面至浪高山，北靠北岭双峰。全村共有24个村小组、14个自然村、1046户，总人口达3943人。白梅自然村现居600户、2278人（其中含习氏户数565户、人口2178人，其他姓35户、人口100人）。全村面积达18834亩（其中有水田3286亩、旱地1556亩、林地12792亩、水面1200亩）。本村主要以种植、采矿、运输、养殖、服务行业为主。且矿产资源丰富，辖区内有7个煤矿、1个采石场和1个石灰厂，以及上规模的专业养殖户8户。自然村有12个村小组，耕地面积达2803亩（其中含水田1709亩、旱地1094亩），林地面积为6926亩，白梅世代子孙用勤劳的双手和智慧，在这一方水土上创造着辉煌业绩、描绘着绚丽多彩的宏伟画卷，也接受着沧海桑田的洗礼。他们步履坚定，以崭新的风貌展现于世人面前。

景区地址：江西省新余市欧里镇

交通地址：在城南汽车站坐欧里的车直达

景区开放时间：全天开放

景区门票：免票

咨询电话：0790-6420059

10. 邓家围屋

邓家围屋位于新余市分宜县湖泽尚睦村。这是一座养在深闺的百年老屋，鲜有人知。老屋始建于乾隆中期，历经16年至嘉庆十年（1805年）方建成。

老屋既有广东客家土楼的风格，又糅合了赣西地区祠堂建筑的一些特点。砖木结构的围屋坐西朝东，占地约十五六亩，四周以砖墙围绕，从外面看，很像一个环形防御堡垒，将自然和人居的空间清晰地划开。跨过门楼，邓氏祠堂居围屋中轴线

邓家围屋

上，两侧是邓区家族子孙起居室，沿祠堂对称分布，通过曲折迷离的回廊成一个整体。祠堂门窗雕刻着精美的花纹，楼台亭阁、桥梁码头、花鸟虫鱼……无不栩栩如生，显示了当时邓家商人的富甲一方。

【链接·邓家围屋】

这座老屋原名立三堂，其历史可以追溯到清朝乾隆年间，当时有个叫邓勋的商人，随父辈从广东嘉应州（现为梅州），迁于分宜白田村，并在袁河两岸做油生意发家致富，尔后定居于尚睦村，在此建起了这幢客家风格的老屋。

邓家围屋

老屋独特的建筑风格、宏伟的规模、保存完整的艺术雕刻品，都显示了较高的文化、历史和艺术研究价值，这是一座具有地域性的大型古民居，也是一件后人品读历史的民间魁宝。

景区地址：江西省新余市分宜县湖泽尚睦村
交通地址：可以在汽车站坐开往分宜的大巴，到了分宜然后再坐出租车直达
景区开放时间：全天开放
景区门票：免票
咨询电话：0790-6741019

11. 明代昼锦堂 >>>

在新余市毓秀山西北端的观巢乡泉村，距毓秀山主峰5千米左右，有一座明朝典型的官厅式建筑——昼锦堂。

昼锦堂始建于明洪武年间，建筑面积为950平方米，屋梁是抬梁式与穿斗式的混合结构。上布碧瓦，下覆青砖，檐沿饰明式瓦当，而梁柱间不设斗拱，体现明代建筑之特征。原有前后三进，现存两进，保存完整。

主体建筑采用穿斗式与抬梁式混合结构，造型轻巧秀丽。中轴线上依次为水塘、旗杆、上下马石、大门牌楼、主体建筑、花园等。厅前为明代青砖牌楼，砖刻细致，图案精美。牌楼前

昼锦堂全景

面对峙着不同间隔的下马石与上马石，每个上马石或下马石的正面凿为二级台阶，侧视如乌纱帽。首进悬挂明朝大学士解缙所书“昼锦”二字木刻横匾，及其一幅传统对联“昼锦佳仕司马第，曲江世来大谏议”。据《汉泉张氏族谱》载：“时洪武二十八年乙亥也，学士解缙先生亲笔书‘昼锦’二字以赠行，故后名祠曰‘昼锦堂’。至今子孙，世代相传，于勿替之。”第一、二进皆置天井，它是古建筑之气脉所在，合纳气、采光、盥洗、装饰四用为一体，反映古建筑追求“虽由人作，宛若天成”不露匠痕的建筑思想及生活态度，以追求“天人合一”的最高境界。

堂外垣墙围绕，前有门楼、池塘、翠柏、草坪，坪中左右有上、下马石各一蹲，后有花园，古柏、古樟蔽天遮日，左有当年均海饮马、马槽及古井，井中泉水喷涌，清澈透底，冬温夏凉，溢流涓涓，终年不枯。身历此境，别有一番古味。堂内上顶嵌有八角浮雕藻井，其浮雕古朴典雅。堂内花格门窗，古香古色。天井四壁有石刻鲤鱼跃龙门，金龙起舞，花团锦簇，鹭丝采莲，芙蓉出水，牡丹园香等7种富有明朝雕刻特色工艺水平较高的图案。厅内各进次间皆饰各种图案，除之丁头拱外，尤以隔扇门窗上之雕饰最为绚丽多姿、古香古色。石刻井壁造型逼真，工艺巧夺天工。鲤鱼跃龙门、金龙起舞、花团锦簇、鹭丝采莲、芙蓉出水、牡丹国香等图案，风格独特，富有明代雕刻特色。

昼锦堂环境优雅，堂前有泉井、马厩，屋后则是花园、垣

【链接·昼锦堂】

昼锦堂又称“张均海官厅”。明代兵部驾部主事张鼎（1344—1413年），字均海，观巢镇汉泉人。他学问渊博，擅长辞章。洪武十五年（1382年），以人才荐授兵部驾部主事，推贤让能，廉干有声。《明故兵部主事张公均海墓志》云：“……张主事之为政也，上不负于国，下不病于民，在职六年，举无过事。”昼锦堂就是由他所建，是一所典型明代官厅建筑。

昼锦堂

墙、古柏依次拱卫，整个建筑看上去清爽秀逸、雅正宜人。故张均海在朝时，曾作《汉泉图》，由当时的名人题诗作赋。泉名汉泉，乡人呼为“石屋”，其下水泉与汉泉连通，虽大旱流溉不竭，冬暖夏凉，其味甘洌。如今马厩虽毁，但石凿马槽尚存。古柏则筋缠骨结，森然成韵，体现历史沧桑之美。正因为如此，此地于1984年5月6日和2000年7月25日先后被列入市级和省级文物保护单位。2008年，新余市政府对其进行了修缮。

景区地址：江西省新余市观巢乡泉村
交通地址：在城南汽车站坐观巢的班车可直达
景区开放时间：全天开放
景区门票：免票
咨询电话：0790-6856000

12. 古风遗韵的“进士村” >>>

江西省分宜县钤山镇防里村位于分宜县最南端，与安福县接壤。这里山环水绕，绿树成荫，村前有一大片古樟树林，其中最高龄的已有1042年历史，树围22米，需13个成人才能合抱，短的也有100多年历史。“十年树木，百年树人”，按照防里村的古老习俗，村里每中一个进士或举人就在村口种一棵樟树。建村1000多年来，结果这个人才辈出的小山村就有了多达数十棵的古樟树林，成为防里村蔚为壮观的奇景。

防里村现在有300余棵古樟，村民们视古樟树为祖上留下的风水宝树，非常珍惜这些绿色财富，都自觉爱树、护树，从无人轻易砍伐。2003年，分宜县改造分宜至安福的公路，水泥公路将会贯穿防里全村。按照公路规划，修路时要砍掉7棵300年至800年的古樟树。为保护古樟树免遭砍伐，村民多次向公路部门呼吁，路向右偏约3米，保住了这些古樟。

有一年，该村村民反映1株古樟病害严重，林技人员到实地勘查，确诊其为樟巢螟虫害。次日就安排专业防治队对其进行了药物防治，并对周边其他几株香樟也进行了药物烟熏预防。此后，这些古樟一直长势良好。

防里村文化底蕴厚重，历经千年沧桑，至今仍较完整地保留了百余处历史遗迹，其中村前4个建筑遗迹最具象征性：一座文昌塔如笔（已倒塌），一座单拱石桥像墨，近20亩的草坪如纸，一个砌成约2亩的圆台似砚，这正是“进士村”书香门第传世家风的象征。这“文房四宝”象征着“进士村”书香门第的传世家风。此外，防里村至今还保留了一个元代学堂，这里

“进士村”的古樟树

“进士村”的孩子们

防里古樟

进士村

曾经是明建文帝师太常寺卿黄子澄读过书的地方。清末最后一个状元欧阳绍祁的旧居还保留完好。走到这里，你才能感觉到“文官下轿，武将下马”的防里清门威望。

（二）重点景区景点

1. 仙女湖绝景之铃阳湖 >>>

铃阳湖景区是国家AAAA级景区仙女湖的重要组成部分，位于仙女湖风景名胜区西部、舞龙湖上游，距新余市区约20千

洪阳洞

米，距仙女湖旅游城10千米，离分宜县城仅4千米，浙赣铁路、分文铁路穿境而过，清宜公路、分安公路纵横交错，沪瑞高速、武吉高速路口与之毗邻，区位优越，交通便捷。

铃阳湖景区旅游资源丰富，文化底蕴深厚。有奇波荡漾的铃阳湖，奇秀苍郁的铃冈岭，奇势雄伟的钟山、昌山二峡，水下古城遗址，万年桥，昌山庙，严嵩故里，卢肇读书台，钤麓书院遗址等历史文化景观，为仙女湖增添了无限的文化底蕴。铃阳湖景区可概括为“六个一”，即一湖好水（铃阳湖）、一个名人（严嵩）、一部名著（《天工开物》）、一座古庙（昌山庙）、一个名洞（洪阳洞）、一座水下古桥（万年桥）。

（1）洪阳洞。位于铃阳湖西北岸袁岭山麓，因其深邃奇巧的石灰岩溶洞而享有古今胜迹的美名。

【链接·洪阳洞】

相传东晋道学家葛洪、娄阳在洞内栖身养性、修道炼丹，故名“洪阳洞”。又因明代权相严嵩少时读书于洞中，迄今传有“狐仙伴读”“吞食夜明珠”的神话，所以民间又称之为“严嵩洞”“狐仙洞”。早在东晋刘宋时，洪阳洞就声名远播。由于其钟乳嶙峋，题刻遍布，洪阳洞被收入清代国家编撰的大型类书《古今图书集成》，并为它在该书《山川典》中特设“洪阳洞部”，这在全国同类溶洞中是罕见的，足以说明其文化内涵的厚实和丰富。

（2）昌山庙。始建于唐朝，位于铃阳湖西端的昌山峡西岸，坐西朝东，依山傍水，古木参天，上下三进，楼阁并立，建筑巍峨，

昌山庙

由于古人有以地望称呼建筑景物的习惯，故它被称为昌山庙，又名龙姥庙、阅城君庙、孝通庙、圣母庙。昌山庙中塑有54座神像，而供奉的主神为龙姥（亦称龙母娘娘、昌山圣母），庙中宝有历代文人所赠的诗书绘画，清雍正、乾隆年间又增建门楼、墙垣和文昌阁等。千余年来，该庙灵光独耀，香火鼎盛，吸引了方圆几百千米的信众。特别是农历八月十三日——龙母诞辰纪念日和一年一度的传统庙会，吸引了广东、湖南、湖北等地的大批游人和香客前来观光、许愿、抽签，祈求幸福及心灵的安详。

（3）湖心岛。面积为60亩，东临蜿蜒曲折的钟山峡和气若长虹的耽江桥，南望景致变幻的钤冈岭，西南是淹没于湖底

湖心岛

的分宜古县城和碧波中时隐时现的万年桥，西面有重要景观洪阳洞和昌山庙。岛上古木参天，橘树遍地，四周碧波连天，历代名人严嵩、卢肇、万上遴等曾在此读书、炼丹。今年1至9月份，洪阳洞和昌山庙两个景点接待游客三五万人次，旅游收入近百万元。

目前，钤阳湖景区待开发的景点有钤阳湖、万年桥、分宜古城遗址、钟山峡。

（4）铃阳湖。从钟山峡西端至昌山峡，因分宜老县城钤阳镇浸淹湖中而得名。这是典型的内陆平湖，面积为28平方千米，占仙女湖风景名胜区水域面积的56%，湖中还淹着400多年前修建的大型石拱桥万年桥。

钤阳湖的美丽风光

宁静的钤阳湖

（5）钟山峡。地处仙女湖风景名胜区舞龙湖与钤阳湖之间，是两湖连接的纽带，长达3千米，与牛栏峡、昌山峡合称“小三峡”。钟山的灵秀和它的诗情画意，曾吸引卢肇流连于此潜心攻读，终至功成名就，在公元843年成为江西第一名状元，后人将此称作卢肇读书台。在北钟山上，还分布着石头船、沙帽石、猪心石、钟山洞、石刻等物。

钟山峡

2. 仙女湖绝景之爱情岛 >>>

仙女湖景区的爱情岛，是作为我国古代经典爱情故事——七仙女下凡的发源地，是由米兰婚纱摄影连锁机构独家投资5000万打造的，它占地面积达79920平方米，将爱情岛打造成集旅游观光、休闲度假、商务会议、企业内训、拓展训练、婚庆礼仪、影视拍摄为一体的综合性景区。

爱情岛以情爱文化为主导，以传播情爱文化为理念，为天下有情人打造一个爱的天堂！爱情岛内聚集众多情爱文化元素，有展示世界各地不同婚俗文化的“世界婚礼大观园”，有全亚洲超大规模的婚纱拍摄基地——仙女湖环球影视城等。

爱情岛

（1）情爱广场

大花轿

大花轿，中式婚礼最具代表性的物品之一。随着现代文明的冲击，抬花轿已逐渐成为历史，人们也只有通过古装剧来了解、欣赏中式婚礼的大红花轿，浩浩荡荡的迎亲仪仗队，拜天地、掀盖头，穿“凤冠霞帔、状元服”或清朝旗袍、马褂的纯中式婚礼！但是，今天在爱情岛，可以“追寻文化根源、重现传统民俗”！想过过大红轿子的瘾吗？想体验掀开红盖头那一刻的震撼吗？那就来这里体验一下中式婚礼中的抬花轿吧。

轿子起源大致从唐朝开始，南宋孝宗曾为皇后制造一种“龙肩舆”。上面装饰着四条走龙，用朱红漆的滕子编成座

【链接·大花轿】

从前，闽南沿海一带姑娘出嫁时十分气派，可以戴凤冠、披霞帔，乘坐銮驾（俗称“花轿”），婚礼不亚于皇家女。为什么沿海姑娘如此威风呢？传说与南宋康王有关。

宋徽宗时候，金兵入侵，小康王在南逃途中，与家人失散，来到沿海的一个沙滩上，前面就是大海，后面又有追兵，一时走投无路。这时正好有一位渔姑坐在鱼桶上织渔网。康王一见渔姑，如得天上救星，急忙向渔姑奔去，说明来由，请求搭救。在这一望无际的沙滩上，一无穴，二无洞，如何救得。

在这个紧急关头，渔姑突然想到自己屁股下的鱼桶。她急中生智，忙叫康王钻到鱼桶里，盖上渔网，自己再坐上若无其事地继续织着她的渔网。一会儿，金兵追到，问渔姑：“小姑娘，看到康王吗？”渔姑假装听不懂，答：“这里没有‘筐’，只有‘桶’。”她一边说，一边指着屁股下的鱼桶。金兵嚷道：“我问的是一个穿官服，戴官帽的书生！”

渔姑“哧”地一笑：“‘书生’不叫，叫什么‘筐’呀‘篓’的。刚才是有一位书生向海湾那边跑去。”金兵信以为真，追了过去。

金兵去后，渔姑搬下渔网，把康王放出来，对康王说：“金兵若追不到人，会再返回来，还是到我家躲一躲吧。”康王这时又惊又饿，求之不得。

渔姑家里穷，没什么东西好招待，她母亲煮了一碗掺虾皮的大麦饭给康王吃。康王饥不择食，吃得津津有味，边吃边道：“本王在皇宫吃尽山珍海味，从来没吃过这么可口饭菜。”康王在渔姑家躲了几天，对渔姑由感激而生爱慕之情，他对渔姑说：“多蒙姑娘相救，铭感五内，没齿不忘。待本王回到皇宫，定派人迎接姑娘进宫，享受荣华富贵，到时以门前悬挂渔网为号。”

后来康王做了皇帝，却把此事抛到九霄云外了，直到有一天，康王胃口不好，食欲不振，什么山珍海味都吃不下，忽然想起在渔姑家吃的饭菜，即命御厨做来，御厨找遍菜谱，都做不出。康王就命大臣用半副銮驾，带上凤冠霞帔到沿海渔村去迎娶渔姑进宫。谁知来到渔村，家家门上都挂着渔网，无法辨认真假。原来渔姑不愿进宫，说出秘密，求乡亲帮助，家家挂起渔网，大臣找不着救驾的渔姑，即派快马回宫禀报，康王知道事有蹊跷，于是下旨，半副銮驾及凤冠霞帔不必带回，就赐给渔村姑娘出嫁时使用，以报答其救命之恩。从此沿海“半副銮驾嫁新娘”的婚俗就流传下来了。

椅、踏子和门窗。内有红罗茵裤、软屏夹幔，外有围幛和门帘、窗帘。可以说，这是最早的“采舆”(即花轿)。这以后，历代帝王都为后妃制造采舆，而且越来越华丽。

用轿子娶亲这个仪式最初出现在宋代，后来才渐渐演变为民俗。这个变化是和“亲迎”仪式中的其他变化同时出现的。例如这时亲迎已改在早晨进行，新郎要披红插花，所以新娘坐的轿子也改成鲜艳的花轿。

同心锁

传说月老有一件宝物同心锁，相爱的男女只要被同心锁锁住，就永不会分离！如果你们的爱情能够感动月老，他就会赐

同心锁

【链接·同心锁】

很久很久以前，善良的女孩和忠厚的后生相爱了，可是做商人的父亲不想让女儿过穷苦的日子，偏偏把她许给官家的公子。婚期来临的时候，后生勇敢地抢了新娘逃往山里。在前有堵截、后有追兵之际，他们挽着手从山上飞身跳了下去，消失在山谷里，人们沿山谷寻找数日，只发现一把刻有两人名字的石锁，传说这是天上的月老被他们的爱情感动了，将他们变成了这把锁，好让他们生生世世永不分离。

给你们同心锁，让你们从此生生世世永结同心。

这是一个美丽的寓言、一个虔诚的祈愿，也是一个永恒不变的承诺。同心锁一旦锁上就永不会分离，同心锁是没有钥匙的，同心锁是将一对相爱的恋人的名字刻在锁上，锁在众佛环绕的锁链上，将两个人的心紧紧地“锁”在一起，使他们的爱情永恒不变。只要相互真诚，月老都会见证和保佑你们的爱情。

姻缘井

1700多年前，东晋文学家干宝在他所著的志怪小说集《搜神记》中记载了这么一个故事：很早很早以前，有六七位披着羽毛神衣的鸟仙，一边飞翔，一边寻找梦中的乐土，当她们飞到豫章新喻县上空时，立即被这里梦幻般的景色所吸引，于是飘落下来，化作美丽动人的青春少女，嬉戏、玩耍，连臂踏歌，玩到最开心的时候，她们情不自禁地脱下了身上的羽衣。此情此景恰巧被一位翩翩少年看到，他惊叹之余，顿生爱慕之情。他悄悄地将其中一件羽衣藏了起来，然后满怀激情地走了过去。仙女们发觉后，刹那间花容失色，赶紧披上羽衣，腾空飞去。那位找不到羽衣的仙女，却无法飞离尘世。然而塞翁失马，焉知非福。当她无奈地转过头来，用她美丽的双眼打量着

姻缘井

走近的少年时，顿时被少年英俊洒脱的气质所吸引，两人一见钟情，少年娶仙女为妻，俩人过着幸福的生活，仙女还为她的爱人生了3个女儿。数年后，天庭知道了仙女私自下凡的事，仙女不想连累自己的丈夫和孩子，让自己的女儿询问到羽衣的下落，原来羽衣藏在稻草下面。她穿上羽衣回头看了一眼自己的丈夫和孩子，转身就飞回了天庭，只留了一滴泪，这滴泪化作了这口井。后来人们得知这段感人的故事，情侣们就常常到井边祈祷，祈祷他们的爱情可以海枯石烂、天荒地老！

（2）绣楼

大象抛绣球

【链接·抛绣球】

关于大象台抛绣球，流传着一个美丽的传说。说的是在800多年前有一对男女，一个叫阿秀，一个叫阿弟，彼此喜欢对方，可是后来一个恶霸喜欢上了阿秀，用贿赂买通官吏，把阿弟打入牢狱，并准备判其死刑。阿秀知道后，天天哭，眼睛也哭瞎了，用了九九八十一天，给阿弟刺成了一个饱蘸着自己鲜血和泪水、美丽鲜艳的绣球。当她到狱中去看阿弟时，没想到绣球带着他们飞到了一个没有恶魔的地方。后来人们就用“绣球”来表示吉祥美好之意。

在古代，有些地方有这么一个风俗，当姑娘到了婚嫁之时，就预定某一天（这一天一般是正月十五或八月十五）让求婚者集中在绣楼之下，姑娘抛出一个绣球，谁得到这个绣球，谁就可以成为这个姑娘的丈夫。当然，姑娘一般会看准意中人，把绣球抛到他身上，以便他捡到。在很多地方，抬新娘的花轿顶上要结一个绣球，寓为吉庆瑞祥。

【链接·洞房花烛夜】

很久以前，人们习惯地把新人完婚的新房称作“洞房”。古人就“洞房”咏诗的佳作也不胜枚举。西晋文学家陆机在《君子有所思行》中咏道：“甲等高闼，洞房结阿阁。”北周庾信有“三和咏舞诗”诗曰：“洞房花烛明，舞馀双燕轻。”唐朝诗人宋庆馀在《近试张水部》诗中写道：“洞房昨夜停红烛，待晓堂前拜舅姑。”宋人洪迈在《容斋随笔》里更有“洞房花烛夜,金榜题名时”的佳句。可见，“洞房”的美称由来已久。但何时何谓将新房称作“洞房”呢？洞房一词的由来有个感人的传说。

远古时期，陶唐氏尧称王不久。非常关心放牧人的生活。有一天他亲临牧区问苦，忽然传来一般幽香，远处有一位漂亮的女子手执火种飘然而来，尧王惊呆了，问牧民才知是鹿仙女，从此尧王食不甘味，一心惦着仙女，决计下山寻仙。

尧王带领4名大臣访仙于晋南“仙洞沟”，久觅不得。忽见一俏丽梅花鹿悠然从姑射仙洞走来，尧王知是仙女，便迎上前去，正要接见时，一条大蟒突然窜出，直逼尧王，尧王措手不及。只见鹿仙女己近跟前，用手一指，大蟒顿时颤抖不已，仓皇而逃。

尧王身材高大魁梧、相貌堂堂，仙女窈窕、美丽动人，两人一见钟情，一段美好的的神话佳缘从此喜结而成。

他们在姑射仙洞完婚，一时祥云缭绕，百鸟和鸣。到了傍晚，结鸾之时，一簇神火突然现于洞顶，耀眼夺目，光彩照人。从此，民间也就有了把新娘的房子称作洞房，把新婚之夜称作洞房花烛夜的习俗了。

绣楼是一个有着古朴外观的建筑，它同样也是一幢综合性大楼，有中式婚礼展示厅，有呈现不同时代、不同民族婚礼风俗的婚礼大观园，还有现代婚礼博览厅以及餐厅等。在里边的便利超市里，还可以选购一些自己喜欢的纪念品。

（3）环球影城

米兰婚纱仙女湖环球影视城，是一家集婚纱摄影、影视拍摄、西式婚礼举办等功能于一体的影城。一般来说，传统婚纱的拍照模式就是配合摄影师在一个憋闷的室内影棚里摆着各种枯燥的姿势，如今这种模式已远远不能满足人们现在的需求，人们越来越希望在大自然的怀抱里，尽情地抒发自己的感情，拍摄出自然、大气、元素多样的婚纱照。穿着婚纱去旅行在时下已成为新人们最喜欢的婚纱拍摄方式。米兰婚纱环球影视城的各个景点有：

风雨桥

风雨桥，这座桥的来历同样不简单。

风雨桥

【链接·风雨桥】

相传牛郎织女婚后，男耕女织，相亲相爱，生活得十分幸福美满。织女还给牛郎生了3个女儿。后来，牛郎放牧的老牛要死去的时候，叮嘱牛郎要把它的皮留下来，到急难时披上以求帮助。老牛死后，夫妻俩忍痛剥下牛皮，把牛埋在山坡上。老黄牛的来历不凡，它是天上的金牛星，因触犯天条而被谪降人间受苦受难，有感于小主人牛郎对它的饲养和爱护，除了感恩图报、辛勤耕作外，还挖空心思想要为牛郎撮合一段美满的良缘。

织女和牛郎成亲的事被天庭玉帝和王母娘娘知道后，他们勃然大怒，命令天神下界抓回织女。天神趁牛郎不在家的时候，抓走了织女。牛郎回家不见织女，急忙披上牛皮，担了3个小孩追去。眼看就要追上，王母娘娘心中一急，拔下头上的金簪向银河一划，昔日清浅的银河霎时变得浊浪滔天，牛郎再也过不去了。从此，牛郎织女只能泪眼盈盈，隔河相望，天长地久，玉皇大帝和王母娘娘也拗不过他们之间的真挚情感，准许他们每年七月七日相会一次，于是每逢七月初七，人间的喜鹊就要飞上天去，在银河为牛郎织女搭鹊桥相会。此外，七夕夜深人静之时，人们还能在葡萄架或其他的瓜果架下听到牛郎织女在天上的脉脉情话。

风雨桥正是为了纪念这段可歌可泣的浪漫传说而建，如今人们常在桥上众佛环绕的锁链上锁上同心锁，将两个人的心紧紧地“锁”在一起，使他们的爱情永恒不变。只要相互真诚，月老都会见证保佑你们的爱情。

教堂

科隆大教堂，它是以世界三大教堂之一——德国科隆大教堂为原型而建造的，它高26.3米，共分为4层，一楼用于举办教堂婚礼（西式婚礼）。教堂婚礼越来越受到追求时尚、追求高品位生活的人们所喜爱，但苦于受场地以及专业策划、主持的限制而只能停留在愿望的阶段！但是，米兰婚纱可以实现您的愿望！想想看，在庄严肃穆的教堂里、在神职人员的指引下、在众多亲友的见证下、在烛光的照映下，花童为你们撒下花瓣，你俩互换戒指，相互许下不离不弃的誓言，那一刻，你们将是全世界最幸福的人……

教堂

教堂的二、三楼是礼服区及VIP贵宾式，礼服区陈列有几千款婚纱、礼服供新人挑选。四楼是现今最为流行的韩式影棚。

爱琴海

波罗斯岛是一座风光秀美的岛上山城，山城上点缀着柠檬树和橄榄树的青翠，葱茏中掩盖着清晰明亮的白色屋檐。岛上的建筑以白色为主，式样古拙。云涛海浪中，一条石板铺就的甬道蜿蜒而上，渐行渐远，延展到了历史记忆的深处。蓝蓝的天，洁白的云，蓝白相间的建筑，幸福的新娘依偎着新郎漫步在这浪漫之都，构成一幅绝美的画卷！

爱琴海

浪漫满屋

浪漫满屋

一部韩剧《浪漫满屋》不知成就了多少少女对爱情的憧憬，剧中叫作“Full House”（浪漫满屋）的房子也成了浪漫的载体。来到这里的恋人们不仅能亲临唯美韩剧的拍摄现场，他们的爱情也能受到祝福，Full House——爱情满满，浪漫满满，甜蜜满满，祝福满满！

海景码头

在这里，你可以看到仙女湖最美的夕阳，这里也是摄影师最爱的取景点之一！站在海景码头，眼前广阔的水域尽收眼

海景码头

底！置于码头的白色钢琴、远处青山烟雾缭绕，若隐若现，恍若仙境。每一个元素，都足以将浪漫情怀发挥到极致！

日式风情建筑

日本受中国文化的影响很深，也可以说是中国风格中一

个精巧的微缩面。细节上的处理使日式风情建筑有着独特的地方，景观中以一方庭院山水而容千山万水景象，漫天飞舞着淡粉色的樱花雨，空气中弥漫着扑鼻的茶香，宁静悠远。恋人们面对面跪坐着，一低头一顺眼，一挑眉一咂嘴，都有着细微而含蓄的温情。

日式风情

欧陆风情街

欧陆风情总是为人所向往的，它有着异域的神秘和独特的浪漫，在这条欧式街道上，有英国下午茶、爱丽丝鲜花店、慕尼黑啤酒屋等代表性建筑，走过一条街，就像走遍了全世界！

欧陆风情街

仙女湖影视基地

仙女湖影视基地位于仙女湖风景名胜区，汇集了古今中外等200多个不同浪漫景点，可供影视踩景、拍摄、参观。2013年央

仙女湖剧照

视热播电视剧《仙女湖》正是取景于此。

3. 仙女湖绝景之凤凰湾 >>>

地址坐落在东坑村的水源自然村，距分宜县城35千米，位于县境及仙女湖的东南部，西邻苑坑乡的檀溪村、江溪村。北靠铁路浙赣线和清宜公路，东与渝水区的九龙乡交界，南和吉安县路口接壤。总面积为4600公顷，其中有林业面积3266.66公顷、水域面积800公顷、耕地面积220公顷等，森林覆盖率为83.8%。这里三面环湖，地势开阔平坦，湖水烟波浩渺，山林层峦叠嶂，湖中岛屿形态各异，青山倒影沁入清澈水底，显现出水晶宫中镶嵌着山清

【链接 · 凤凰湾的传说】

诸如元朝的千古名刹“肖公庙”，庙进口处有“钟山卺（峡）”，庙山顶上有“宝塔山”，庙对面有“会仙台”，还有“桃稣源”“和尚坪”等神奇的传说。

凤凰湾

清、水粼粼、山含笑、水含情的秀奇俊美。旅游业既是东坑林场的特色经济，又是此地开发的新产业，优美的自然环境、丰富的人文景观，使这里的旅游业魅力无穷。

这里是仙女湖的天然氧吧，阳春三月，花团锦簇，百鸟飞翔，船帆点点，无数游客陶醉其间，往往悠然惬意，流连忘返。仙女翩翩，情缘缕缕，灵气莹莹，不是天堂却胜似天堂，这就是中国仙女湖的凤凰湾。

（三）乡村旅游景点

1. 新余最美的乡村——昌坊村 >>>

昌坊村位于新余市北部，坐落在闻名遐迩的建材基地雷殿峰下。昌坊村距新余市区18千米，有700多年历史，是国家AAA级旅游景区、全国精神文明村、国家级生态村、全国农业旅游示范点、国家信息化村、江西优秀新旅游景区，被人们赞誉为“赣

昌坊村

东有婺源，赣西有昌坊”。

昌坊村四面青山环抱，一条小河（又名昌江）在村前淌过，村内草木葱茏，泉水叮咚，地肥物美，禾苗茁壮，一派高山田园好风光。昌坊村山环水绕，开门见山，出门即水，森林覆盖率达70%以上，是一个天然氧吧。整个村庄生态自然环境特征是“楼宇连绵，一江水，四面绿”，古道、古树、古洞、古寺、古窑、古水井、古店铺、古祠堂应有尽有，山如黛，湖似镜，蓝天白云，泉水叮咚，鸟语花香。在此可激情漂流，可休闲垂钓，可采摘体验，可尝农家美味，可做手工夏布，可赏传统戏曲、腰鼓和舞龙，可听传说故事、山歌民谣，在陶醉于湖光山色，享受春的美丽、夏的热情、秋的果实、冬的诗韵之外，还能畅享吃、住、玩、行、购、娱一条龙的优质服务，真是开心浪漫之极。

由于该村位置优越，物产丰富，交通便利，所以其经济相

夏布坊

夏布制作

昌坊村全貌

当发达。仅村办采石厂、石灰厂就有26家，从业人员有390人，年产值3000万元。经测算，工业收入加村民其他农村副业收入，年人均纯收入达6800元。全村已有小车15部、货车21部、铲车9部、摩托车216部，钢筋水泥结构楼房120幢，面积为19200平方米，人均居住面积达20平方米。如今，村民安居乐业，生活步入小康。

昌坊华严寺

★ **联系人：**昌忠平
电话：18679093966

2. 新余国家农业科技园 >>>

新余国家农业科技园位于仙女湖区毓秀山办事处湖陂村委，毗邻毓秀山国家森林公园和孔目江国家湿地公园，生态环境优美，农业产业聚集。目前，园区已经形成葡萄种植和葡萄酒加工、种苗产业、花卉苗木产业和休闲旅游观光业等四大主导产业。游客们在休闲旅游观光的同时可以采摘葡萄，并自酿葡萄酒，轻松而惬意。

★ **联系人：**胡海平
电话：0790-6853033/13879078486

新余国家农业科技园

3. 渝水区良山八石坡生态农庄 >>>

良山八石坡生态农庄位于新余市渝水区良山镇下保村委，是新余市和生态农业开发有限公司一期投资的一个集综合种养殖、休闲、旅游、垂钓、餐饮、会议接待于一体的生态农家乐园。人们可以在忙碌的生活之余享受垂钓带来的轻松，还可陶冶情操。

★ **联系人：** 胡秋兰
电话： 13879074367

良山八石坡生态农庄

4. 仙女湖鑫海休闲农庄 >>>

鑫海休闲农庄位于现代农业科技园核心区东北部，农庄毗邻毓秀山国家森林公园，与孔目江国家级湿地公园隔水相望，蓝天碧水，道路四通八达，各种名贵花卉排列期间，环境优美，是旅游休闲的最佳场所。

★ **联系人：** 王小平
电话： 0790-6662879/15307905939

鑫海休闲农庄

鑫海休闲农庄矮房

5. 渝水区芦茅沟山庄 >>>

芦沟山庄

新余市芦茅沟山庄位于渝水区下村镇虹桥村委及步桥村委，距离新余25千米，地理位置适中，交通便利。在这里，游客能尽情地领略到江南农家风情，尽情享受乡村的纯朴服务及生态美景，芦茅沟为游客们提供了一个纯净、清新的旅游休闲场所。

★ 联系人：胡小根
电话：13907906537

芦茅沟的美丽风光

6. 仙女湖MBA国际休闲中心 >>>

仙女湖MBA国际休闲中心地处新余市仙女湖区九龙山乡境内，坐落于国家风景名胜区仙女湖九龙湾湖畔，占地1200亩，依山临湖，风光无限，文化内涵丰富，拥有山地、湿地多种地貌类型，生态环境优越，森林植被丰富。目前已建成集休闲、旅游、度假、科普为一体的综合经营旅游项目。

★ 联系人：李建群
电话：18279096668

仙女湖MBA国际休闲中心

7. 分宜县岩宏山庄 >>>

岩宏山庄地处国家级风景名胜区、国家AAAA级景区仙女湖三大景区之一，铃阳湖景区南岸，北临湖区，南依铃岗岭，岩宏山庄自然环境优美，生态资源丰富，山水交相辉映、风景美丽如画，是一方远离污染的净土，一个山欢水笑的乐园。

★ 联系人：胡丽鹏
电话：13907907791

岩宏山庄

8. 渝水区仙来山庄

仙来山庄位于渝水区珠珊镇，距离珠珊板桥收费站约500米，交通便捷，是一家集餐饮、垂钓、棋牌、生态养殖于一体的生态娱乐休闲中心。山庄是从农家乐旅游配套服务功能的互补角度出发，结合“野、古、土、俗、特”等农村旅游特点而建的。山庄内绿树成荫，鸟语花香，环境优美。

★ **联系人**：丁美珍
电话：0790-6205977/13979085880

仙来山庄

9. 渝水区百丈峰乡村休闲旅游区 >>>

百丈峰乡村休闲旅游区位于江西省新余市渝水区东南约35千米的南安乡境内，主峰海拔424.2米，高逾百丈，处于沃野千里的赣抚平原。景区内森林覆盖率高，属省级森林公园，依托百丈峰优美的自然环境，有着丰富的森林资源以及云峰禅寺、皇帝洞、岳飞点将台、葛仙坛、东峰坛、雷庙等景观遗迹。

★ **联系人：**赖新昀
电话：0790-2178388/18214900846

百丈峰乡村休闲旅游区

10. 高新区水西柴火饭庄 >>>

水西柴火饭庄现有规模近200亩，饭庄周围环境就是一道精神菜，营造出农村、农家的氛围。用餐的饭菜是木柴取火，原料是从院子里采摘的蔬果野菜和自家制作的豆腐、泡菜、腌菜，以及来自仙女湖的野生青鱼等，客人们在这里吃得开心、吃得放心。

水西柴火饭庄

★ **联系人：**廖春梅
电话：13879028026

11. 赣宏农场 >>>

江西赣宏农业开发有限公司基地位于新余市渝水区罗坊镇

赣宏农场

新和村委和梦塘村委，是以打造纯生态种植、养殖和农业观光休闲的大型农业综合开发公司，被中共新余市委授予“一村一品”示范基地的称号。公司现有高产油茶种植面积4000余亩、纯生态养鸡基地6个、特种养殖（中华竹鼠）基地1个，以及水产养殖基地等。

农场在罗坊镇开辟油茶种植面积4000余亩，其中2100亩已投产，目前年创产值400多万元。油茶林自然资源丰富，生态条件优越，远离城镇和厂矿企业，无“三废”污染，在这得天独厚环境中，散养了罗坊土鸡系列鸡13万余只，年产蛋近460枚；罗坊土鸡系列品种众多：有乡下纯种土鸡、五黑一绿鸡、贵妃鸡、珍珠鸡等品种。

赣宏农场家禽养殖

★ **联系人：**邓春红
电话：0790—6359099/15970295588

新余交通便利，沪昆高铁、浙赣铁路横贯东西，京九铁路傍市而过，赣粤、沪瑞、武吉3条高速公路和4条省道在新余交会，成为全国680多个城市中少有的高密度高速公路通过的城市，构建了新余与“长珠闽”对接的5小

CHAPTER 3

行在新余

——称心如意

时经济圈。沪昆高铁正在建设之中，设新余北站（高铁站），南昌至长沙已于2014年9月竣工通车。率先在全省实现了村村通水泥公路，形成了1小时交通经济圈。新余便捷的交通助你出行更顺畅。

一 蹑影追风进新余——铁路交通

新余火车站始建于1937年，离杭州站747千米，离株洲站207千米，隶属南昌铁路局管辖，现为一等站。客运可办理旅客乘降，行李、包裹托运；货运可办理整车、零担、集装箱货物发到。新余火车站共有78趟列车，其中有动车组6趟、普通列车72趟，慕名而来的游客可以非常方便地选择自己所要到达城市的车次。

新余北站是为沪昆客专杭长段在江西省内设立的一个高铁站点，是新余市的第二个火车站，也是唯一的高铁站。位于江西省新余市下村工业平台的西北面，距离新余市中心约10公里，市内可乘坐202路（同创生态城—新余北站，同创生态城发车）或403路公交车（火车站—新余北站，火车站广场发车）至终点站即可。高铁新余北站为核心建设高铁新区，规划面积约为61平方公里，其中2平方公里的核心区城市设计全面编制完成。2014年9月16日随着第一辆高铁列车驶入，新余北站正式投入运营。

新余铁路客服电话：0790-7022322

新余北站火车时刻表

车次	出站	到站	类型	开车时间	到站时间	运行时间	里程（公里）
G641/G640	新余北	西安北	高速动车	6:52	14:51	8小时1分	1636
G631	新余北	广州南	高速动车	8:48	12:47	4小时1分	922
G1601	新余北	长沙南	高速动车	9:18	10:25	1小时9分	215
G489/G488	新余北	北京西	高速动车	9:34	16:48	7小时16分	1806
G636	新余北	南昌西	高速动车	10:47	11:20	35分	127
G633	新余北	深圳北	高速动车	11:36	16:05	4小时31分	1024
G1602	新余北	南昌西	高速动车	12:00	12:33	35分	127
D2604/D2601	新余北	长沙南	动车组	12:28	13:46	1小时34分	215

续表

D2606/D2607	新余北	厦门北	动车组	15:23	20:50	5小时29分	815
G1605	新余北	长沙南	高速动车	16:15	17:15	1小时2分	215
G632	新余北	南昌西	高速动车	16:59	17:32	35分	127
G1607	新余北	长沙南	高速动车	17:59	19:06	1小时9分	215
G487/G490	新余北	南昌西	高速动车	18:03	18:36	35分	127
G1606	新余北	南昌西	高速动车	18:36	19:09	35分	127
G634	新余北	南昌西	高速动车	21:11	21:44	35分	127
G491/G494	新余北	南昌西	高速动车	21:28	22:08	42分	127
G642/G639	新余北	南昌西	高速动车	22:50	23:25	37分	127

二 归心似箭到新余——客运资讯

新余长运客运中心站班线时刻表

站名	票价（元）	班次时间
南昌	45	6:45 8:05 9:05 9:55 10:35 11:25 12:15 12:55 13:45 14:25 15:05 15:55 16:35 17:25 18:15 19:05
宜春	24	8:05 8:55 9:45 10:35 11:25 12:05 13:05 13:55 14:45 15:35 16:35 17:55
樟树	23	7:15 8:45 9:45 11:00 13:15 14:45 16:15 17:15
萍乡	35	8:15 9:35 10:35 11:55 13:15 14:35 15:55 17:15
赣州	94	7:50 9:50 13:30 16:00
吉安	40	6:50 7:30 8:10 9:10 9:50 10:30 11:10 12:10 13:10 14:10 14:50 15:50 16:50 17:45
上高	25	7:00 7:50 8:50 9:40 10:40 11:30 12:30 13:20 14:10 15:30 16:30 17:35
景德镇	95	8:50（途经：乐平90元）
万安	54	8:20 11:35（48元）

续表

高安	35	7:40 8:50（31）10:30 12:20（31）13:00 14:30 15:50
泰和	44	7:05 12:50
峡江	18	6:40 8:30 10:25 10:45 11:10 12:20 13:30 14:20 15:50 17:10
水边	22	7:20 8:55 10:00 11:35 13:25 14:55
建山	18	10:00 15:40
安福	22	6:30 8:30（28） 10:35 12:30 14:55
吉水	24	7:00（31元） 10:00 10:45 12:10
抚州	63	7:30 9:50 10:35 13:35 15:30
铜鼓	43	11:40 14:20（途经：宜丰25元）
永丰	35	7:55 11:50（29） 12:40（29元）
靖安	59	8:00（途经：大城45元，奉新53元，干洲56元）
九江	86	8:10 13:50（永修68元，共青74元，德安78元）
广丰	90	8:20（途经：进贤50元，东乡55元，鹰潭60元；贵溪65元；弋阳70元；横峰75元；上饶80元）
鄱阳	87	9:00（东乡55元，黄金埠65元，青云75元）
奉新	42	13:20
南康	88	8:50（马市42元；白土街44元；高陂46元；路田49元；遂川59元；介溪68元；沙地70元）
修水	70	8:10 12:35（途径：宜丰25元，江头41元，带溪50元）
遂川	59	7:40 13:20
万载	27	11:20
永新	47	9:05（洲湖35；金田39；洋门40；怀忠42；茅坪44）
浒坑	32	12:50
于都	95	7:15（冠朝51元；沙村55元；老营盘62元；高兴67元；兴国70元；江背76元；银坑84元）
北海	300	13:30（途经：桂林200；柳州230；南宁250；饮州275元）
浏阳	59	8:50 13:20（上粟15：00 大瑶18:00）
长沙	60	8:30 14:30（途经：礼陵50元，株洲55元）
石狮	220	8:30
珠海	200	17:00（广州：160元）
深圳	200	9:00 09:01
武宁	86	9:00 13:30

三 便捷出行游新余——城区交通

新余城区的交通十分便利。

（一）市内的主要出租车是军安出租车、钢城出租车以及新亚新出租车。

新余出租车叫车电话：0790-6449644。

新余出租车叫车方法：呼叫服务热线。

1.起步价为6元，起租里程为3千米，超起租里程每千米加收1.5元；

2.夜间22时（含22时）至次日晨5时（不含5时）用车，租价加收1元，每千米租价加收0.2元；

3.采取油价联动，出租车每次车次加收燃油附加费1元（油价为6.04元以上，3个月联动一次）。

（二）新余的公交车共有32车次，1-3元钱即可坐到目的地，便捷又称心。游客可以非常方便地选择自己所要到达目的地的车次。

CHAPTER 4

游在新余

——浪漫之旅

新余是一座底蕴深厚的文化城市。神奇古老的仙女文化、深厚凝重的天工文化、飘逸脱俗的佛教文化、慷慨激昂的红色文化、高雅悠远的抱石文化构成了新余文化的底色。这片神奇的土地不仅滋养了人间纯美的爱情，还哺育了无数雄才俊杰、志士名人，涌出无数个灿若星辰的名字，如江西历史上第一个状元卢肇、北宋江南第一位宰相王钦若、明代权相严嵩、当代国画大师傅抱石及著名美籍华裔医学家何大一等风云人物。

一 精品旅游路线

1. 情爱胜地——仙女湖精华一日游 >>>

仙女湖舞龙湖景区游览桃花岛、名人岛、蛇苑、仙来岛、民俗文化风情园、爱情岛、鸣禽苑等景点。

线路主题：览湖光山色，品浪漫之情。

2. 仙女湖西线一日游 >>>

中国洞都景区、昌山庙、洪阳古洞、观万顷平湖—钤阳湖。

路线主题：探溶洞之幽谧，感天地之神奇。

3. 新城新景——情山爱水两日游 >>>

第一天游览新余城区：抱石公园、孔目江国家湿地公园、体育中心、毓秀山国家森林公园、崇庆寺。

第二天游览仙女湖景区：桃花岛、名人岛、蛇苑、仙来岛、民俗文化风情园、爱情岛、鸣禽苑。

线路主题：感受城市新貌，朝觐禅宗圣地，体验湖光美色。

4. 红、绿、蓝三色经典之旅 >>>

红：罗坊会议纪念馆、兴国调查纪念地、毛泽东旧居、昌坊旅游度假村、孔目江漂流。

绿：抱石公园、孔目江国家湿地公园、毓秀山国家森林公园、崇庆寺。

蓝：游览仙女湖舞龙湖景区。

线路主题：寻访红色足迹，体验绿色闲趣，感受蓝色水韵。

二 特色路线

（一）两条极品路线

1.“一湖情爱水”极品旅游路线 >>>

“仙女湖再发现”两日游（观光系列：桃花岛、爱情岛、名人岛、圣集寺、抱石文化旅游创意园，休闲系列：体育公园高尔夫球场、仙女湖影视基地）。

2.“四座养生山”极品旅游路线 >>>

毓秀山、蒙山、大岗山、百丈峰。

（二）三条黄金路线

1. 新余城市精华一日游 >>>

抱石公园、城南商业街、北湖公园、毓秀山。

2. 分宜仙女神洞两日游 >>>

仙女湖、大岗山树木园、蒙山“中国洞都”。

3. 新余五彩东南一日游 >>>

罗坊会议纪念馆、百丈峰养生度假地、南安乡村旅游示范点。

（三）四条主打路线

1. 江西休闲文化之旅 >>>

井冈山上唱红歌、仙女湖里唱情歌、明月山中泡温泉、武功山上打太极。

2. 江西湖光山色度假之旅 >>>

庐山西海、八一南昌、新余仙女湖、宜春明月山。

3. 江西"天下养生"之旅 >>>

樟树、养生度假区、新余、百丈峰、中国洞都、宜春、温汤温泉、萍乡、武功山。

4. 赣西绿色精粹之旅 >>>

南昌、樟树、新余、仙女湖、宜春、明月山、温汤温泉、萍乡、安源、武功山、铜鼓、宜丰、奉新、靖安、三爪仑、南昌。

（四）十二条特色路线

1. 红色经典之旅 >>>

毓秀山烈士陵园、罗坊会议纪念馆、九龙山革命烈士纪念碑。

2. 江南佛教寻踪之旅 >>>

崇庆寺、圣集寺、云峰禅寺。

3. 漫步新余休闲之旅 >>>

抱石公园、北湖公园、孔目江国家湿地公园、毓秀山国家森林公园、仙来湖公园、高新区中心公园。

4. 人杰地灵之旅 >>>

抱石公园、天工开物博览城、严嵩洞、严嵩故里、万年桥、邓家大屋、黄子澄故里。

5. 乡村发现之旅 >>>

昌坊村、观巢镇、凤凰湾、双林镇。

6. 工业考察之旅 >>>

新钢集团、高新开发区、下村工业基地、袁河工业平台。

7. 农业观光之旅 >>>

毓秀山现代农业科技园、百丈峰有机生态农业园、界水有机蔬菜基地、吕坊村。

8. 文化新余之旅 >>>

仙女湖、新余城市规划馆、罗坊会议纪念馆、圣集寺、抱石公园。

9. 老年养生之旅 >>>

大岗山、中国洞都、百丈峰。

10. 美食购物之旅 >>>

城南商业街、新余特产超市。

11. 商务精英之旅 >>>

体育中心网球场、仙女湖国际乡村俱乐部、仙女湖 BMA 国际休闲中心。

12. 壮志青春之旅 >>>

民间珍宝馆、新余城市规划馆、罗坊会议纪念馆、新余工业展览馆。

三 自驾游路线

1. 从杭州出发 >>>

杭州（杭新景高速、杭金衢高速）—上饶（梨温高速）—南昌（昌樟、昌金高速）—新余（东陂高速路口下）。

2. 从广州出发 >>>

广州（广惠高速）—惠州（赣粤高速）—赣州（广大高速）—吉安（广大高速）—新余西（仙女湖高速路口下）。

3. 从上海出发 >>>

上海（沪杭高速）—杭州（杭新景高速、杭金衢高速）—上饶（梨温高速）—南昌（昌樟、昌金高速）—新余（东陂高速路口下）。

4. 从长沙出发 >>>

长沙（京珠高速）—株洲（潭醴高速、昌金高速、昌樟高速）—新余（东陂高速路口下）。

5. 从武汉出发 >>>

武汉（京珠高速）—长沙（京珠高速）—湘潭（潭醴高速、昌金高速、昌樟高速）—新余（东陂高速路口下）。

游客朋友们，快来吧！新余的美景会让您目不暇接，赞叹不已。体验仙女湖传说带给您的美丽爱情故事，感受浪漫温情的旅游休闲度假中心和中国的爱情胜地。走进新余仙女湖，你会惊叹：此景只应天上有，人间难得几处觅！美丽的仙女湖期待您来旅游、休闲、度假，热情好客、文明开放的新余欢迎您的到来。

CHAPTER 5

吃在新余

——回味无穷

一 餐饮文化

1. 仙女之吻 >>>

传说：七仙女下凡与新余男子董郎结为夫妻后，相亲相爱，两人在仙女湖畔过着男耕女织的平凡生活。直到有一天，玉皇大帝发现了仙女在凡间私订终身，龙颜大怒。于是派了天兵天将捉拿七仙女回天庭。七仙女恳请天兵天将让她为心爱的人做完最后一顿饭，七仙女将自己对丈夫的不舍、对人间的留恋之情全部融入这道“仙女之吻”的菜肴中。

原料：仙女湖野生鱼嘴、花生米。

制作：将鱼嘴腌制后炸酥，倒入秘制香料后收汁出锅。

特点：香、辣、酥。

仙女之吻

2. 仙女散花 >>>

传说：七仙女被玉帝派出的天兵天将捉拿回天庭的时候，七仙女对董郎难分难舍，在升空之际，将身上穿的羽衣扯下一片往空中一撒，后来这一大片羽毛幻化为仙女湖的99座岛屿。董郎思念爱妻甚深，用萝卜雕刻出一个七仙女的形象，每次吃饭时都放在饭桌旁陪伴他，好像七仙女还没有离开他一样。

仙女散花

原料：仙女湖草鱼。

制作：将鱼宰杀去鳞，刮开去内脏，再刮成两片，将鱼肉内切十字花刀后，用葱姜盐腌制片刻，再摆回鱼形，下锅炸，第二次待油温七成热时再炸，起锅兑汁，浇在鱼身上即可。

特点：酸甜可口、形似鲜花。

3. 月之朦胧 >>>

传说：少年严嵩天资聪颖、勤奋好学，一日路过洪阳洞（现在分宜发电厂后山腰）时，认识了一个自称是私塾教师的妙龄女子，执意邀请他在此读书。从此，严嵩就在这洪阳洞里，不分昼夜地发愤读书，女子也悉心照顾起他的饮食，每当他读书乏困、双眼朦胧的时候，女子就会给他端来一盘用鱼做成的美食，吃起来爽滑可口，吃后倦意全消。原来那女子是一位狐仙，经过千年修炼，变成人形，因赏识严嵩的才学，便伴读左右，用鱼肚上最嫩滑的肉为严嵩做出了这道鱼肚胧。

原料：仙女湖野生鱼腩、秘制酱料。

月之朦胧

制作：将鱼腩入锅煎七成熟后加入秘制酱料烧制而成。

特点：酱香味浓、鱼肉鲜嫩、肥而不腻。

4. 七仙女之约 >>>

传说：当年七仙女下凡来到新余，见到新余的秀水青山，非常喜欢，流连忘返。于是她们相约每年下凡嬉戏一次。第三年的时候，她们嬉戏完后准备返回天庭，突然闻到湖边茅屋里飘来一阵阵诱人的香味。众仙女跟着香味走进茅屋，屋内空无一人，香气是灶上蒸笼里蒸好的翘嘴鱼里散发出来的。众仙女按捺不住正欲品尝，忽然听到脚步声，情急之下，七仙女碰翻了灶边摆放的鸡蛋，蛋汁和蛋黄流到了蒸笼里，七仙女匆忙离去。结果加入了鸡蛋的翘嘴鱼洁白嫩滑，美味无比。当然，七仙女与董永喜结良缘也是因这道菜而起了。

七仙女之约

原料：翘嘴鱼750克、鸡蛋7个。

制作：①将鱼去腮、鳞洗净，开两边，用热水过一下，洗净，放入盘中，放上葱结、姜块，拍松、上笼蒸片刻；②把蒸好的鱼加入盐、味精，将切好的火腿、香菇、冬笋摆放在鱼身上；③上蒸笼时把蛋清打成芙蓉，淋在鱼周围，蒸15分钟即可。

特点：洁白、嫩滑。

5. 独占鳌头 >>>

传说：王安石在庐陵担任刺史期间，卢肇欲拜其为师，于

独占鳌头

是上门前去求见，王安石见眼前这少年虽家境落魄，但笃志好学，也有心收他为徒，但还是故作为难想考验下这个年轻人。卢肇深知良师难遇，所以想准备一顿饭菜来打动王安石。他用从袁河渠中捕捉的河虾精心烹制了一道菜，取名“独占鳌头”。王安石看后问菜有何寓意，卢肇回答说：“大凡顽石之下，必有巨鳌，得贤士指点，必获首冠。”王安石听后，高兴地收下这个学生。“独占鳌头”这道菜也因此流传至今，成为新余民间经久不衰的佳肴。

原料：袁河大虾。

制作：①大虾去壳，开边沾蛋黄、面包糠，下锅炸成金黄色；②土豆洗净去皮，切成细丝、去汁、上油锅炸成土豆丝；③把炸好的虾蘸上色拉酱，放上土豆丝即可。

特点：虾脆、酸甜可口。

二 经典小吃

新余特色小吃品种丰富，风味独特，大都利用本地原材料加工制作。水北的豆腐、村鼓鲜粉、仙龙火腿、麻酥片、麻辣三件等等都是非常可口的特色食品，口味甚好。

1. 水北豆腐

水北豆腐有上千年的历史，洁白如玉，稚嫩可口，是人们喜

水北豆腐

食的风味小吃。如今的水北豆腐，可以烹制出各种各样的菜肴、小吃；可以单独成菜，也可以作主料、辅料，或充作调料；可以作多种烹调工艺加工，切成块、片、条或丁，或炖，或炸，冷盘、热菜、汤羹、火锅样样皆能。新余民间有“水北豆腐，制作得味，远胜燕窝”的说法。

2. 村鼓鲜粉

村鼓鲜粉

村鼓鲜粉具有口感劲道、柔韧爽滑、辣爽回味的特色，深受广大食客好评，是新余知名的大众化小吃。

3. 仙龙火腿

仙龙火腿

采用民间千年传统配方，纯天然熏烤精制而成，真空包装，形状美观、色泽红润、芳香馥郁、风味独特，切下洗净，蒸煮均可，并含有多种氨基酸、维生素、微量元素，营养丰富，具有补肾壮阳、开胃健脾、产妇补身、老年益寿、儿童益智、增强食欲等功效，是上等的美味佳肴。

4. 麻酥片

麻酥片为新余传统风味小吃，历史悠久，成品为薄薄的小方片，色泽油黑，质地细密，酥脆爽口、甜香宜人。其特点为选料细致，制作认真，产品规格、组织、口味均臻于上乘，深受食客喜爱。

麻酥片

5. 水北腌粉

软滑的米粉用竹捞装着煮好盛出，配上高汤，加上提前炒好的红辣椒、肉丝、橘子皮细末、调好味的黄豆、新鲜的韭菜碎、细葱和自制的调味酱汁，装在阔口的海碗里，早饭时食用使人一大早就心情晴朗。

水北腌粉

6. 麻辣三件

麻辣三件的主材料是鸭头、鸭翅、鸭掌，把让人垂涎三尺的麻辣三件先卤过一遍，再加上辣椒、生姜、大蒜子、五香、麻油、香油，

麻辣三件

在锅里煮十几分钟，一盘香喷喷的麻辣鸭头就可以上桌了，它吃起来麻麻的、酥酥的，鸭肉鲜美、酥软，鸭翅、鸭掌特有一番嚼头，主要的味道是辣，总是让人停不下筷子，吃了还想吃，喜欢吃辣的朋友们千万不要错过。

7. 麻辣冻粉 >>>

有这么一种小吃，吃在嘴里凉爽透心，吃到肚里沁人心脾。冻粉，是新余地道的美食之一。在学校周边，最受学生喜爱的美食莫过于这味美价廉的冻粉。点上一份凉粉，只见半透明的冻状物体上飘着香甜的萝卜干和翠绿的葱花，再加入特制的麻辣酱，真是色、香、味俱全!

麻辣冻粉

CHAPTER 6

住在新余

——酣然入梦

伴随着旅游产业的快速发展，新余市的饭店业也呈现出一派繁荣的景象。迄今为止，新余共有星级饭店12家，其中有四星级酒店2家、三星级酒店6家、二星级酒店4家，其他高品质的宾馆数十家之多，形成了较好的旅游接待能力。

一 星级酒店

1. 北湖宾馆 >>>

北湖宾馆位于江西省新余市北湖中路，坐落在碧波荡漾的北湖之畔。

北湖宾馆是新余市委、市政府的主要接待基地，以其生态特色闻名于全省同行业，系目前省内配套设备齐全、服务功能完善、管理规范的一家四星级旅游饭店。

宾馆水域面积为420余亩，陆地面积为180余亩，绿化覆盖率高。馆内建筑物或环湖建造，或临水耸立；以“湖”字命名的天

北湖宾馆

湖楼、听湖楼、翠湖楼、候湖楼外形美观，各具风采，与青山、碧水、园景及庭院灯光融为一体，相映生辉；杨柳岸，树影婆娑，绿荫如坪，凸显江南生态园林特色。尤其是坐落在湖中的听湖楼雍容华贵、格调高雅，具有浓郁的欧陆风格；其周边水上九曲廊桥、开启式凉亭别具一格；沿湖浮雕群，衔接历史与现在，展现深厚的文化底蕴。素有“竹院深深深几许”之誉的翠湖楼环竹而建，因竹而生，织造出一派“日出有清荫、月照有清影、风来有清声、雨来有清韵”的怡人景致，给人以清新欢愉之美感。听湖楼、翠湖楼的设计突出特色、个性和文化品位，充分体现了自然与人文相结合的设计理念。

宾馆共有客房257间和452个床位。其中听湖楼、翠湖楼拥有总统套房、豪华套房及商务房49间，会见厅与多功能会议室各1个；天湖楼拥有豪华套房及标准间354间、大会议室3个、小会议室6个。馆内拥有温馨典雅、风格迥异的宴会厅、中西餐厅、豪华包厢、咖啡厅、茶楼及酒吧，可同时容纳2000人就餐。

此外，馆内服务项目齐全。有网球、英式司洛克桌球、乒乓球、游泳池、商场、桑拿、美容美发、洗衣中心，并为旅客提供秘书、影印、传真服务，还可以代办票务预订。

星级： 四星
地址： 新余市北湖中路
电话： 0790-6423100

2. 仙女湖龙华国际大酒店 >>>

仙女湖龙华国际大酒店位于仙女湖风景区新码头，按高标准

龙华国际大酒店全景

建造，由新余市仙女湖龙华置业有限公司投资兴建，委托浙江省旅游集团酒店管理有限公司管理，集客房、餐饮、会议、娱乐于一体，是新余市高档会议度假酒店。

酒店总建筑面积为4.8万余平方米，投资5亿元人民币，绿化率达63.8%，紧邻美丽的仙女湖，空气清新，环境优美；酒店豪华气派、典雅温馨，配有各式客房、宴会厅、中西餐厅、现代健身、娱乐休闲设施应有尽有。

酒店拥有豪华套房、复式套房、休闲房、豪华大床房、豪华标准房等百余间。房间功能设计全面、舒适整洁，提供24小时管家式服务，使您的居住环境更为舒适。

由技艺精湛的名厨主理烹调，提供仙女湖野生鱼、赣、浙、湘菜等美味佳肴，餐厅最高可同时接待600人用餐。

酒店还拥有可供300人活动的多功能宴会厅，大中小会议室6个，具备完善的商务会议设施。室外网球场、KTV包厢、棋牌室、足浴、健身房、台球房、乒乓球室、飞镖室、女子瑜伽室、SPA房、养生馆、美容美发等娱乐设施一应俱全。

龙华国际大酒店是您举行各种会议、宴会、度假休闲的最佳场所。

星级： 四星
地址： 新余市仙女湖景区新码头
电话： 0790-2182888

3. 融城大饭店 >>>

新余融城大饭店位于渝水区劳动北路，是由融城酒店管理集团公司投资的一家海派设计风格的豪华高档酒店，集住宿、餐饮、商务、康体娱乐为一体，建筑面积为2.68万平方米，坐落于新余市劳动北路，地处新余的中央商务区，交通便利。酒店设施一应俱全，服务设施有大堂吧、精品店、商务中心、西餐厅、中餐宴会厅、VIP贵宾房、国际厅、会议室、健身房、SPA会所、棋牌室等。酒店拥有188间客房，其中包括豪华客房、尊贵客房、行政尊贵客房、行政尊贵套房和总统套房，客房雅致的装饰风格，结合完善的设施和人性化的出色服务，为您提供舒适满意的入住环境。时尚的全日雅美西餐厅，一次性可容纳100人以上同时就餐，提供国际自助餐及多款零点美食。雍容华贵的中餐厅里，名贵植物环绕，拥有19个风格迥异的特色贵宾房，为客人呈献正宗的粤、川、湘、赣等各类高档中式菜肴，精彩演绎完美饕餮盛宴。格局各异的会议室和洽谈室，可承接各类商务会议、大型宴会、酒会、展览、开幕仪式等活动。融城大饭店，为您繁忙的商务之旅增添度假休闲的乐趣。融城大饭店是您商务、会议、休闲、娱乐的至上选择！

融城大饭店

地址：新余市劳动北路799号
电话：0790-6699999

融城大饭店会议室

融城大饭店客房

4. 春龙国际大酒店 >>>

新余春龙国际大酒店坐落在江西省新余经济开发区高新大道，是江西省中西部地区首家按五星级标准建设，集商务、会议、住宿、餐饮、康体及娱乐于一体的多功能、智能化会议式商务酒店。春龙国际大酒店总建筑面积为36000平方米，可同时接待500余人入住、用餐。无论是总体规划还是品位档次，都堪称赣西

春龙国际大酒店

地区一流。

酒店拥有234间精心设计的豪华客房及行政套房，酒店八楼专设国际会所区域，内设行政酒廊、红酒坊和雪茄吧、棋牌室及专用厨房，让您第一时间享受尊贵。无论是标准房、豪华套房，还是商务楼层，室内设备齐全，舒适温馨，处处显示出以客为先的服务风范。另设大堂吧、绿荫咖啡厅、异国风情演艺吧、行政酒廊；别具特色的中西餐厅，为您提供不同的精美菜肴。多功能会议厅是举办各类大小型会议、中西式酒会、餐舞会的理想场所。康体区域设有豪华棋牌包厢25个、桑拿豪华包厢16个，另有健身房、美容美发中心、室外大型游泳池，以及独立的三层超大豪华KTV包厢50个。演艺厅、卡拉OK等娱乐场所，特邀著名乐队现场演奏，是人们闲暇消遣的最佳选择。无论您是商务公干，还是旅游度假，在春龙国际大酒店都能感受到居停的方便和舒适。酒店设计现代时尚，装修优雅奢华，服务热情细微，优质的星级服务让您彰显尊贵身份。

地址： 新余市经济开发区高新大道
酒店电话： 0790-6666666

5. 钟山国际大酒店 >>>

钟山国际大酒店位于新余市仙来大道199号，地理位置得天独厚，交通便利，酒店毗邻新余市人民政府、市公安局等职能部门，东接中国移动公司、中国银行，西连商业旺铺，南靠粤新建材市场，北对新余市最大的广场——人民广场。

钟山国际大酒店

酒店拥有各类客房200余套，

丽晶房及黄金贵族套间更是新余酒店行业独有特色，西餐厅、休闲茶座、桑拿浴室、KTV包房、商务中心、停车场等配套设施完备。所有客房采用落地式景观窗设计，在景观窗前俯瞰而下，仙来美景尽收眼底，一览无遗。黄金贵族套间设有24小时贴身管家服务，让阁下尽享帝王般的荣耀尊贵！

★ **星级：**（待评）
地址：新余市仙来大道199号
酒店电话：0790—6666668

6. 悦华商务酒店 >>>

悦华商务酒店是由悦华商务有限责任公司投资，由中州国际集团酒店管理公司进行管理，按四星级标准建造的集住宿、餐饮、咖啡、娱乐、会议、商务、健身为一体的高档现代化商务酒店，毗邻市政府、人民广场，酒店一楼有邮政局、电信局，地处新余市政治经济文化的中心，位置优越，交通便利，是各种商务、会议、休闲活动的理想场所。

悦华商务酒店

酒店于2005年11月18日开业，有员工200余人，并设有以下服务场所：

酒店拥有127套品格高雅的各式客房，236张床位。有标准套房、阳光客房、豪华单间、豪华套房、豪景房等，所有客房高雅温馨、设计合理，配有空调、卫星电视节目、音乐频道、国际/国内长途电话、传真/互联网连接器等。

悦华商务酒店华中楼共有500个餐位，主营湘菜、燕鲍翅，兼有地方赣菜特色。华中楼装饰豪华，设施齐全，设有中央空调，四季恒温，电视、棋牌室设计合理，22个高档包房尊贵典雅、温馨舒适，是商务宴请、公务接待、举办家宴的理想选择。

格诺咖啡厅位于酒店二楼，装饰典雅、浪漫抒情，拥有10间大小不同、格调鲜明的包厢，大厅还设有情调温馨的雅座，可供200余人同时就餐，并设有电脑台，是新余最有特色的西餐厅之一。

酒店提供图文传真、复印、中英文打字服务及网上订房服务。同时还设有设施齐全的多功能厅，能满足举行各式大、中、小型会议及宴会要求。无论是小型会议，还是大型酒会，酒店都将提供无微不至的专业服务。

星级： 三星
地址： 新余市长青北路1号
酒店电话： 0790—6333333

7. 维也纳酒店凯光店 >>>

新余维也纳酒店凯光店雄踞新余市新开发区渝州大桥南，维也纳酒店有限公司创立于1993年，以“舒适典雅、顶尖美

维也纳酒店凯光店

食、品质豪华、安全环保、音乐艺术、引领健康”为产品核心价值。目前，维也纳酒店拥有超过3万间的客房、超过900万人的注册会员，并创下20年零安全事故的记录。已开和拟开的分店遍布全国80个大中城市，在全国共有200多家分店，并以每年新开60-80家分店的速度发展毗邻新钢。

依偎袁河、龙池墅公园，碧水蓝天、景色宜人，极具园林特色，环境优雅。距市中心仅5分钟车程，距火车站10分钟车程，地理位置优越，交通便利。客房干净整洁，服务热情周到，是您的理想之选。

星级：三星
地址：新余市新开发区渝州大桥南
电话：0790-6318888

8. 山水国际商务大酒店 >>>

位于中山路与科环路交界处，毗邻风景优美的孔目江湿地公园，地理环境优越，交通便利，是山水企业集团投资兴建的一个准四星级的商务酒店，也是山水企业集团的战略性投资项目。山水国际商务大酒店装修豪华典雅，别具一格，采用统一中央空调系统。酒店拥有多种类型的客房156间，以及大型宴会厅、餐饮包厢及多功能厅、大小会议室等。为满足宾客的多层次需求，还设有商务中心、咖啡厅、足浴中心、棋牌室等娱乐

山水国际商务大酒店

星级：三星
地址：新余市中山路与科环路交界处
电话：0790-6493333

设施，配套项目齐全。

9. 澳鑫大酒店

分宜县澳鑫大酒店是新余市分宜县第一家按四星标准设计兴建的，集住宿、餐饮、旅游、娱乐等服务为一体的综合性商务大酒店。酒店由国内著名的设计师进行总体设计规划、设计，秉承现代欧式风格，设计独具匠心，典雅精致气派非凡，自然风情洋溢 ，融艺术与文化为一体。

澳鑫大酒店

酒店设有中餐厅、宴会厅、咖啡厅，可一次性接待1200人，是目前分宜县接待能力最大的酒店。风格迥异的各式美味佳肴使贵宾尽享天下美食，酒店的娱乐设施完备，KTV会所、桑拿按摩、棋牌休闲、商业街应有尽有。澳鑫酒店将是你放轻身心的乐园。四星级的优质服务将使你宾至如归、悠然自在，带给你物超所值的四星级享受。

星级： 三星
地址： 分宜县天工大道东侧
电话： 0790-5812888

10. 陈香迎宾馆

新余陈香迎宾馆坐落于新余仙来西大道和五一路交叉口，位于新余市行政文化中心地带，交通便利，地处位置得天独厚。酒店集客房、餐饮、休闲、商务、会议、大型停车场等多种功能于一身。配套项目完备，装修豪华典雅，既蕴含浓郁的欧式艺术文化气息，又充分展现中国现代酒店的别致与新颖，让您充分领略

陈香迎宾馆

和感受中西艺术双重酒店文化的内涵和氛围。

高雅的中餐厅同时可供700人用餐，还设有15间装饰精美雅致的包房。时尚的宴会厅，可容纳300人，拥有全市首家10平方米P6高清LED全彩大显示屏。模块化设计空间辅以智能化操作，可用于举办宴会，也可分为三个独立的空间，以满足住客需求，并提供最新高尖端技术和专门管家服务，以确保住客在住宿过程中一切顺利。无论商务、宴会、休闲、娱乐，这里都是您的理想之选。

地 址： 新余市仙来西大道和五一路交叉处
电 话： 0790-6368888

11. 博文臻品艺术酒店 >>>

博文臻品艺术酒店是江西省唯一一家艺术风格式酒店，酒店位于新余市黄金地段北湖西路，与名校新余四中隔街相望，周边有毓秀山国家森林公园，东面则是新余市委、市政府、新余国际广场和北湖公园等，此地乃人杰地灵之福地。博文臻品酒店安装了品牌中央空调和空气源热水器，绿色、低碳、环保。酒店拥有客房80余间、中型会议室1个，所有客房均配备高速宽带接口。酒店装修温馨舒适，高贵典雅，风格写意。其中有30余间风格不一，时尚独特的艺术房，让您在体验梦幻写意的世界美景的同时，为您缔造极致的浪漫！

酒店秉承“以情服务，以诚取胜，用心做事”的经营宗旨，无论是开展政务、商务活动，还是休闲、娱乐，这里都是您的理想之选。

一次驻足，一生眷恋。博文臻品艺术酒店，敬候您的光临！

地址：新余市北湖西路四中正对面
电话：0790—6368788

二 星级宾馆资讯

除上述旅游饭店外，还有许多三星、二星级旅游饭店可供游客入住。

1. 万年青商务大酒店 >>>

星级：三星；

地址：新余市仙来中大道305号；

电话：0790—6410666。

2. 华瑞宾馆 >>>

星级：三星；

地址：新余市抱石大道561号；

电话：0790—6256000。

3. 七天连锁酒店新余胜利南路店 >>>

地址：新余市胜利南路362号；

电话：0790—6331777。

4. 湘汇大酒店 >>>

地址：新余市白竹路1号；

电话：0790—6205555。

5. 东升商务酒店 >>>

地址：新余市仙来东大道205号；

电话：0790—6666888。

6. 明珠大酒店 >>>

星级：二星；

地址：新余市仙来西大道188号；

电话：0790—6457022。

7. 金城宾馆 >>>

星级：二星；

地址：新余市胜利北路258号；

电话：0790—7026699。

8. 分宜大酒店 >>>

星级：二星；

地址：分宜县昌山南路460号；

电话：0790—5886381。

CHAPTER 7

购在新余

——满载而归

新余物产近年来越来越丰富，其中旅游商品中最负盛名的是夏布刺绣，具有极高的艺术价值和观赏价值，在境内外屡获殊荣，被称为除传统的苏、湘、川、粤之外的“中国第五大绣”。双林镇素有“中国夏布之乡”的美誉，年产42万匹夏布，在韩国、日本、东南亚等地极受欢迎。仙女湖地区出产的纯正山茶油、仙女湖甜茶等，都是难得的天然绿色食品，颇受游客欢迎，此外还有江西嵩酒、黄花梨、新余蜜橘、马洪皮蛋、水酒、谷韵米乳等，也是当地较有名的特产。

一 旅游土特产

（一）休闲食品类

1. 新余蜜橘 >>>

新余蜜橘

新余是中国蜜橘之乡。新余蜜橘是独具地方特色的柑橘新品种，品质优，抗寒，适宜加工，单果重80克左右，大小均匀，外形美观，果面为橙黄色，具有皮薄易剥，味甜少酸、肉嫩、化渣、少籽等特点，多年来远销国内外。为此，江西省商检局授予新余为“中国新余蜜橘出口种植基地”。

2. 新余翠冠梨 >>>

新余翠冠梨是国内最早成熟的蜜梨新品种，同时，翠冠梨被称为“六月雪”，是盛夏解渴的时令佳品，富含多种维生素和钙、磷、铁等微量元素，营养价值高，还具有较高的医用价值。

3. 新余谷韵米乳 >>>

该产品由江西金土地天然食品饮料有限公司生产，米香浓郁、口感细腻，富含人体必需的不饱和脂肪酸，天然VB、VE等生理活性物质及多种微量元素，不添加任何色素、防腐剂、稳定剂，属纯天然、绿色无污染、营养健康的功能性饮料，系国家级星火计划项目，通过国家专利认证，荣获国家科技进步二等奖、食品工业科技进步奖、中国食品产业最具成长潜力新品奖、江西省优秀新产品一等奖。

4. 辛记系列特产 >>>

辛记牛肉干

辛记系列特产由江西省辛记食品有限公司生产，有香辣牛肉干、手工香肠、香辣腐乳、腊八戒、香辣酒糟鱼、糖醋嫩姜、酸辣萝卜等肉制品、豆制品、酱腌菜三大系列十余个产品，注册商标为“辛记缘”，所有产品全部通过国家食品质量“QS”认证，产品包装精美、风味独特，深受省内外市场各类消费者喜爱，多次在全国和省农产品展销会上荣获“优秀产品奖”。

5. 湖陂葡萄 >>>

湖陂葡萄

湖陂村从20世纪90年代初开始种植葡萄，目前葡萄种植面积已有8000余亩，拥有珍珠无核、红提无核、巨玫瑰、巨峰、红富士等20多个品种。如今的湖陂村90%的农户从

湖陂村

事葡萄种植，90%的耕地用于种植葡萄，村民90%的收入来自葡萄。

6. 麻酥片

麻酥片为新余传统风味小吃，历史悠久，成品为薄薄的小方片，色泽黝黑，质地细密。酥脆爽口、甜香宜人。其特点为选料细致，制作认真，产品规格、组织、口味均臻于上乘，深受食客喜爱。

麻酥片

（二）农副产品类

1. 赣岭茶油

成立于2004年的江西赣岭茶油开发有限公司所产的“赣岭”牌茶油原料全部选用当年霜降后采摘的油茶籽，再经过精选、分级，最大限度地保证原料品质。赣岭茶油荣

获了第三届中国国际食用油及橄榄油展览会“优质产品金奖”、江西省地方特产最佳签约奖和最佳销售奖等诸多荣誉。

2. 马洪老酒

“马洪”牌老酒，是新余马洪千年地方特产，马洪乡每家每户每年都自行酿造，由当地合作社按统一标准收购，统一品牌、统一包装、统一价格、统一销售网络对外销售。目前，“马洪”牌老酒已获“江西省名牌产品”称号。

马洪老酒

3. 嵩牌白酒

嵩牌系列白酒系采用优质大米、高粱、麦麸通过固态发酵精酿而成，窖香浓郁，口味醇甜、爽净，回味悠长，具有浓香型白酒绵、甜、爽净之特点。

嵩牌白酒

4. 百丈峰有机大米

百丈峰有机大米烹制的米饭香、甜、软、滑，含有多种天然氨基酸，营养丰富、风味极佳，是关爱人健康、关注环境保护的

百丈峰有机大米

现代人士的至佳食品。

5. 张氏蜂蜜 >>>

新余市张氏生态蜂业发展有限公司是集蜂养殖、蜂产品研发、蜂产品销售于一体的民营企业。旗下“钤阳张氏”土蜜蜂又称野蜂蜂蜜，就是中华蜂采集本土百花而成，产量稀缺，山区放养无污染。相比传统蜂蜜在美容、减肥、养生方面效果好。

6. 抱石铁观音 >>>

作为江西首个铁观音茶叶种植基地，江西欣怡实业有限公司在创建之初就确定了走“生态”“有机”发展的道路，在茶园内建立完备的生态设施，并由江西省植保站定点实施有机茶防虫、防控设施，种植过程中不使用化肥农药，完全遵循有机茶的种植标准。新余一跃成为全国最大的铁观音茶叶产地，与安溪、台湾形成三足鼎立之势。该公司旗下的“抱石”牌铁观音也被评为新余市十大特色旅游商品。

（三）家用品类

1. 渝州夏绣 >>>

渝州夏绣为新余渝州绣坊在苏绣、湘绣、粤绣、蜀绣的工艺技法上所创，被誉为“中国夏布第一绣”，已被国家列入中国非物质文化遗产保护名录。夏绣以粗犷古朴而独树一帜，给人以崇尚自然、返璞归真的美好畅想，在构图、立意、取材上表现了一种全新的探索与完美的意境，极

渝州夏绣

具实用与收藏价值。

2. 恩达家纺

江西恩达家纺有限公司运用苎麻制品研发床上家居用品和工艺绣品为国内首创，“恩达家纺”注册商标荣膺中国驰名商标，其家纺系列产品适合在室温为 13–29 度的环境中使用，特别适合在空调房使用，能更好地满足消费者对健康生活的需求，产品现已畅销海内外。

恩达家纺

3. 雨兰家纺

江西蓝天宇家纺用品有限公司是目前江西省规模最大、设备最全、销售网点最多的床上用品生产企业。该公司生产的“雨兰”牌家纺产品，先后被授予“江西省地产最畅销产品”及“中国家纺市场十大影响力品牌”。

4. 宝利木雕

宝利木雕的雕刻技法极其细腻，线条结构复杂，以浅浮雕、高浮雕以及镂空雕的技法来表现山水人物，远观可游，近观有趣。用层层推进的手法将高远的气势表现得淋漓尽致，是木雕中的极品。

5. 可充电式太阳能手电筒

可充电式太阳能手电筒是太阳能技术与节能LED完美结合

的产物，外观精致、功能实用。晴天时，将手电筒放到太阳底下晒晒，晚上就可以用几个小时，无须更换电池，是低碳环保的绿色产品。该产品尤其适用于户外以及缺电少电地区，是礼品赠送的佳品。

可充电式太阳能手电筒

二 仙女湖土特产

1. 仙女湖仙竹笋干 >>>

本品以仙女湖风景区深山毛竹春笋为原料，经传统工艺加工而成，清香可口，原汁原味，是难得的绿色天然食品。清蒸、水煮、小炒均可，具有清热解毒、减肥健身、延年益寿等功效。

2. 仙女湖名茶 >>>

本品先用仙女湖一带优质嫩芽为原料，采用传统工艺揉制而成，具有条索纤细、卷曲成螺、白毫显露、香气浓郁、滋味鲜醇甘厚、汤色碧绿清澈等特点，历来被饮者视为茶中佳品。本品具有消暑解渴、清热解毒、醒神益思、保肝明目、除臭防龃、减肥健身等功效。

3. 仙女湖干白鱼 >>>

白鱼，又名翘嘴巴，是一种喜欢捕食水中动物的鱼类，是新余仙女湖优质天然野生鱼。它肉质白嫩，口感清爽。经过传统腌制和科学配方烘干而成，色、香、味俱佳，是居家、旅游、宴席、馈赠的理想佳品。

4. 仙女湖蜂蜜 >>>

仙女湖蜂蜜纯天然又营养，是食疗、美容、保健佳品。天然的蜂产品具有促进代谢健体、调节内分泌、美容、养心益肾生精、滋阴补虚生血、补脑益智健胃、补中益气安神、养颜益寿延年、防疾祛病抗癌等功效。

5. 仙女湖甜茶 >>>

长在海拔500米以上的密林中，在仙女湖区范围内只有东坑林场峡沙分场的九龙山上才有。由于其生长环境特殊，所以具有清热解暑、降压祛脂等药用价值，既是保健用品，又是医药用品。用开水冲泡后，香气四溢，沁人心脾，甘甜爽口，使人顿觉心旷神怡。

6. 仙女湖纯正茶油 >>>

选用优质山茶仁为原料，经过科学提炼精制而成，无混杂、无污染，其性温凉，老少皆宜，是难得的天然绿色食品，具有生血降脂、抗御顽疾、滋润肌肤、保持青春之功效。

7. 羽仙酒 >>>

羽仙酒源于新余仙女湖民间传统酿酒工艺，选用优质矿泉水、糯米、高粱酿制而成，无色素，无酒精调兑，是纯绿色的上等保健佳品，具有味纯酣美、窖香浓郁、绵甜甘洌、飘飘欲仙之独特风味，深受广大消费者青睐。

CHAPTER 8

娱在新余

——乐不思蜀

新余的娱乐休闲场所既有回归自然的农家乐山庄、度假村，又有休闲放松的酒吧、咖啡厅、足浴城，可谓休闲养生一体化，让游客乐在其中，悠然自得。

一 休闲娱乐

1. 欧雅咖啡 >>>

欧雅咖啡位于新余市中心最繁华的黄金地段的华瑞宾馆19楼，是新余市楼层最高的咖啡厅。掀开窗帘，城市美景尽收眼底。欧雅咖啡环境优雅、服务周到，是娱乐休闲、商务会友的高档场所之一。

2. 福之缘商务茶楼 >>>

福之缘商务茶楼，位于新余市城北商务中心，四通八达、交通便捷，经营面积为1700平方米，有包厢25个、半封闭卡座40个。茶楼环境幽雅，古朴雅致，又具有现代元素，为您营造了一个安逸、静谧、休闲的空间。该茶楼是新余市民休闲、聚会、商务交流的重要场所。

3. 云山茶社 >>>

云山茶社是一家集餐饮、休闲、娱乐于一体的餐饮自助企业。这里不仅有好茶，还兼营自助餐。

云山茶社，占地1700余平方米，有包厢20多个，是新余市首家中式自助餐特色的现代茶楼，集餐饮、商务、棋牌、休闲为一体，是家庭聚会、商务洽谈、朋友休闲、情侣约会的好去处。

二 养生娱乐

1. 凤凰岛养生足浴城 >>>

凤凰岛养生足浴城以专业足疗养生及保健按摩为主导产业，引进独特的手法，注重推而行其直，摩而顺其气，拿而舒其筋，推而调查其径，点而理其络，揉而活其血，以达到调节人体的阴阳平衡,增强人体免疫功能。董事长徐荣先生本着“厚德载物，仁义待人，诚信经商”的经营理念，“弘扬足道文化，倡导健康产业”为企业宗旨。

2. 楚汉阁足疗会所 >>>

楚汉阁足疗会所皇宫级的装修风格追求完美，帝王般的服务讲究细节，让尊贵的来宾在此消费物超所值。楚汉阁足疗会所是投资健康生活的理想选择。

3. 亮仔沐足休闲城 >>>

亮仔沐足休闲城(原香仔美容美发中心)创办于1989年，多年来，休闲城本着热情专业、执着求精的精神，励精图治，在追求中不断发展壮大。高贵堂皇的迎宾厅、舒适的沐足包厢、现代气息浓厚的美发厅、典雅静谧的长廊，这里就是装饰一新的亮仔沐足休闲城，让您尽情享受快乐时光。

4. 水云间养生会所 >>>

水云间养生会所俱乐部，是水云间创始人王明俊打造的新余首家欧式新贵顶级美容养生会所。会所位于被文化气息包裹着的武夷山绿缘小区，距离机场仅1千米。装饰大气、豪华而不

失清新与舒爽，高品位的格调让人神往。

会所设有会员专属的不同风格的VIP房、宽敞舒适的休息大厅以及SPA水疗区。先进的美容设备和完善的配套设施，是武夷山首家集美容、美体、养身保健、休闲、商务于一体的顶级专业会所。会所处处流露出贵族风范，尽显客人的尊贵身份和时尚魅力。走进会所，收获的不仅是容貌的美丽、身体的呵护，还会收获身心的和谐，收获自信和品位。

三 影视娱乐

1. 凯撒娱乐会所 >>>

凯撒娱乐会所位于新余市暨阳商业街D座，营业面积达4000多平方米，其30多间KTV包房均由顶级设计大师精心雕琢而成，所有房间均配有全进口顶级音响，旨在丰富新余市民夜生活，提高娱乐文化生活质量，凯撒娱乐会所以争江西商务娱乐之楷模为己任。

2. 茉莉花影院 >>>

新余茉莉花电影城位于城南胜利南路336号，是在原来市电影院的基础上斥巨资改建而成，新的影城有观影厅3个、候影厅1个，全部是按现代豪华影城的标准设计建造的。

“茉莉花”电影城拥有世界顶级（美国科视）数字放映机 2 台、美国杜比公司服务器 3 台，所有音响全部选用美国 JBL 品牌，银幕全部采用中英合资的高增益银幕，且是全省唯一一家拥有美国杜比公司全系统 3D 投影机和 3D 眼镜的影城。

“茉莉花”影城的这种硬件配置，已完全和欧美国家现代影城的配置一致，在江西省来说，硬件已是远超包括省会南昌在内的大部分城市的影城配置。据统计，截至 2009 年底，全省总共有宽度超过 11 米的银幕 10 块，新余茉莉花电影城拥有其中 2 块。

茉莉花电影城自 2009 年 4 月 10 日起试营业。其一流的设计，一流的设备，一流的环境，呈现近乎完美的观影效果。在“茉莉花”的电影世界，从一声喘息到飞机的轰鸣，全都清晰可辨。所有进口大片、国产大片都将在茉莉花电影城同步上映。

3. 新余经典影城 >>>

新余经典影城位于胜利北路黄金地段步步高百货六楼，拥有4个影厅，该影院以“顾客至上”为宗旨，以一流的设备、一流的服务面向观众，影城以高科技的电影放映技术，满足消费者的要求，为观众提供真正的艺术视听体验。

4. 金逸影城 >>>

金逸影城（新余抱石店）是广州金逸影视传媒股份有限公司斥巨资为新余市民打造的豪华五星级影城。影城位于新余市渝水区公园北路68号高能广场4楼，总面积为3360平方米，设有5个豪华影厅、1212个座位。影城采用国际顶尖的数字放映设备、比利时巴克投影机、香港GDC数字电影服务器、贝塔斯瑞音响（北京奥运会和上海世博会音响品牌），致力于为观众打造五星级的视听盛宴。为追求最佳的电影视觉效果，影城全部采用大影厅、大银幕设计，其中最大的巨幕影厅银幕宽21.5米、高10米，并配有双机放映，为新余市首家也是迄今唯一一家拥有超大银幕的影城。影城拥有独立的中央空调及换气系统，环境清新、优雅。

影厅内座椅全部采用高档的软沙发座椅，宽排距设计，让

观众在享受电影的同时得到全身心的放松。金逸影城将秉承“电影航母，科技缔造视听新感觉”的企业使命，坚持“展现电影魅力，传播电影文化”的经营理念，全心全意为新余广大市民和观众服务。电影，优质生活的必需品；金逸影城，新余电影的新殿堂。金逸影城，将邀您一起，开启新余电影新时代！

5. 仙女湖影视基地 >>>

仙女湖影视基地位于仙女湖风景名胜区内，汇集了古今中外等200多个不同的浪漫景点，可供影视踩景、拍摄、参观。2013年央视热播电视剧《仙女湖》正是取景于此。

四 健身娱乐

1. 仙女湖国际乡村俱乐部 >>>

江西仙女湖国际乡村俱乐部毗邻国家AAAA级风景名胜区——仙女湖风景区，该俱乐部拥有高尔夫球场、酒店、会所及

仙女湖国际乡村俱乐部

仙女湖国际乡村俱乐部高尔夫球场

其配套设施一应俱全，是游人度假、休闲健身的好去处。

2. 奥体国际健身俱乐部 >>>

新余市工人文化宫奥体国际健身俱乐部是一家专业化、规模化、高档次的五星级健身俱乐部，集健身娱乐、休闲、理疗、美容为一体，是目前全省最大的健身俱乐部。

奥体国际健身俱乐部城南旗舰店面积近4000平方米，城北暨阳店面积近2000平方米。设有常温、高温瑜伽馆，力量训练区，有氧训练区，动感单车房，跆拳道场，风情健美舞大厅，亚健康体测室，私教课训室，贵宾接待室，商务休闲区，棋牌室，洗浴区等20多个健身项目。同时，俱乐部特别设立了理疗区，美容美发区，豪华壁球馆，保龄球、乒乓球超级教练发球机，豪华斯诺克台球厅，羽毛球，射箭场，室内高尔夫，美式拳击台，室内篮球，攀岩墙等多种娱乐休闲项目。此外，俱乐部还设有少儿舞蹈、跆拳道、散打等培训班。这里新潮时尚的项目将令你目不暇接。

附　录

附表1：

新余市交通设施一览表

序号	名称	电话（0790）	地址
1	新余火车站	12306	渝水区城关
2	新余长途汽车站	6444990	仙来东大道723号
3	分宜汽车站	6443617	分宜县北环中路附近
4	城东汽车站	6217186	渝水区通济路
5	汽车站购票服务点	6210276	劳动北路379号
6	新余长运公司客运南站	6226178	渝水区胜利北路
7	新马客运汽车站	6782003	292县道附近
8	新余北（高铁）站	12306	下村工业平台西北面

附表2

新余市旅行社一览表

序号	名称	地址	电话（0790）
1	仙女湖国际旅行社	劳动北路425号	6448900
2	光大旅行社	科环西路69号	6239990
3	新余市新世纪旅行社	仙来中大道87号	6419842
4	新余市金秋旅行社	抱石东大道341号	6222729
5	新余九洲国际旅行社有限公司	长青北路公交公司旁	6422345
6	分宜春秋国际旅行社	分宜县昌山南路448号	5888188

续表

序号	名称	地址	电话（0790）
7	新余市大自然旅行社有限责任公司	北湖西路82号	7053777
8	新余市春秋国际旅行社有限公司	仙来中大道13号	6420668
9	新余市康辉旅行社有限公司	抱石大道415号	6213518
10	新余市海联旅行社有限公司	胜利北路258号金城宾馆内	7026696
11	新余市抱石旅行社有限公司	抱石西大道3号蓝盾酒店旁	6200676
12	新余市渝洲旅行社有限公司	抱石大道287号	6232855
13	分宜县龙行国际旅行社	分宜县钤阳西路162号	5899336
14	新余春天旅行社有限公司	北湖东路786号	6209288
15	新余市华侨旅行社有限公司	站前西路富花苑6号	6222373
16	新余市环球旅行社有限公司	抱石公园公园一号4栋05	6280000
17	新余市神州旅行社有限公司	劳动北路500号	6456660
18	中国旅行社总社江西新余有限公司	中山路111号	6655366
19	新余市顺达旅行社有限公司	高新开发区南源大道	7101118
20	新余市环宇旅行社有限公司	仙来中大道723号	7045689
21	新余市教之旅国际旅行社有限公司	胜利南路17号	6241216
22	新余市平安旅行社	仙来大道29号	6448665
23	新余市航宇国际旅行社有限公司	劳动北路598号	6456609
24	新余市中际旅行社有限公司	劳动北路543号	6665816

附表3

新余市特色餐饮一览表

名 称	地 址	电 话（0790）	特 色
厨房制造	解放东路471号	6201177	西、中、日、泰菜式
麦当劳	市火车站	6200869	快餐
南昌口味饭庄	仙来西大道828	15579017316	各种炒菜、快餐
川味苑	渝水区仙来西大道388号	13177538652	川菜
长沙许记牛蛙馆	渝水区北湖东路775号	6665367	麻辣香辣牛蛙
迪欧咖啡抱石店	抱石大道	6233111	甜点、咖啡
巴贝拉意式餐厅	胜利北路四海大厦2楼	6216776	西餐、比萨
乡里湘味食府	渝水区科环路112号	13607904110	湘菜
秦皇食府	人民北路356号	6218999	餐饮、中餐
家庭厨房	渝水区站前西路845号	6266605	湘菜、川菜
新余快乐厨房	渝水区团结西路6号	6255777	美食、其他中餐
飘香酒楼	五一北路与北湖西路交叉口	13607907425	中餐、粤菜
韩福	市公园北路315号	2181185	韩国料理、韩式烧烤
大自然	科环西路与五一路交叉口	6668898	中餐

续表

名称	地址	电话（0790）	特色
潮州砂锅粥新余分店	渝水区劳动路616号	15083629299	粤菜
鸿福酒楼	渝水区渝东大道	15279022778	火锅
毛家餐馆	渝水区劳动北路	6434777	中餐
清华园	仙来中大道179附近	6367777	中餐
宝诚柒号	渝水区中山北路60号	6299777	红烧鲫鱼、小炒黄牛肉、鸭脯粉丝
一家人食府	渝水区新钢团结西路（比一比超市对面）	6268088	中餐
一品轩砂锅粥新余店	抱石文化街附近	6220777	粥、小吃
姐妹餐馆	渝水区胜利南路	13879053675	麻辣牛脚
一闻香迷宗蟹全国连锁新余店	站前西路延伸段现代城一期	6231717	螃蟹、火锅
重庆齐齐火锅全国连锁新余店	长青北路311号	6436088	火锅
好食尚	公园北路附近	6264777	川菜
金悦酒店	长青北路与毓秀西大道交叉口以东200米	6664689	中餐
南湖饭庄	渝水区沿江路	13367903337	中餐
老地方鲜鱼馆	新钢美食步行街	13407905304	中餐
兄弟酒家	渝水区仙来西大道536号	15007902206	江西菜
红辣椒土菜馆	富塘小学附近	2198778	湘菜

附表4

新余市名优特产一览表

序号	名称	地址	电话（0790）
1	金方土特产贸易商行	北湖中路321号	15979887069
2	世达特产名烟名酒	北湖中路340号	13177530876
3	含岭特产超市	分宜县	15007909119
4	天之灵江西特产	仙来西大道45号	6269754
5	江闽缘新余特产超市长青总店	渝水区	6427622
6	江闽缘新余特产仙来壹店	仙来东大道170号	13755554933
7	民俗风江西特产超市仙来NO.1	仙来东大道386号	6411198
8	腾冠枣业特产超市城北店	渝水区	13879078061

附表5

新余市娱乐场所一览表

名称	地址	电话（0790）	特色
紫云阁商务茶楼	渝水区长青北路662号	6290009	茶楼
春龙茶艺	渝水区赣西大道13422号	6351122	茶艺、美食
品阁茶楼	沿江路新金酒店旁	6668377	茶楼
华溢茶庄	渝水区劳动北路536号	6453708	茶艺、餐饮、咖啡厅
金色足浴养生会所	新余市分宜县	13755586222	足浴、按摩
金钱柜	青年路附近	7058778	KTV

续表

名称	地址	电话（0790）	特色
龙潭足道城南店	渝水区抱石公园北路321号	6666693	足疗、洗脸、按摩
迪卡乐连锁KTV新余店	沿江路一号	6237777	KTV
旺角量贩式KTV	胜利北路1号	2196818	KTV
千足养生馆	新余市分宜县	13879050357	足疗、按摩、泡澡
水晶宫桑拿	渝水区团结西路119号	6235388	桑拿、汗蒸
爱尚健身会所	坡上路	6420999	健身、跑步
健康盲人按摩中心	劳动北路515	6433581	按摩、刮痧、拔火罐
亮仔名门养生会所	北湖中路448号名门世家附近	13879007465	美容、美发、足浴、按摩
金正会跆拳道新钢分馆	新钢苗圃星城老西街	6269789	跆拳道
半堂Loft	长青北路北湖星城商业街43-7	18607901540	酒吧、咖啡厅、茶座

附表6

新余市影城一览表

名 称	地 址
经典影城	胜利北路22号附近
横店影城	胜利南路183号天恒国际大厦4楼
茉莉花电影院	胜利南路336号
大众电影院	怡心街32号
17.5影城（新余今典店）	胜利北路309号负一楼

图书在版编目（CIP）数据

游遍江西. 新余卷：人间仙境 / 王晓峰主编. ——南昌：江西人民出版社, 2015.1
（游遍江西旅游系列丛书）
ISBN 978-7-210-06666-8

Ⅰ. ①游…　Ⅱ. ①王…　Ⅲ. ①旅游指南－江西省　②旅游指南－新余市　Ⅳ. ①K928.956

中国版本图书馆CIP数据核字（2014）第179251号

游遍江西之新余卷——人间仙境
王晓峰　主编
责任编辑：王一木　杨帆
书籍设计：同异文化传媒
出版：江西人民出版社
发行：各地新华书店
地址：江西省南昌市东湖区三经路47号附1号
编辑部电话：0791-88612505
发行部电话：0791-86899036
邮编：330006
网址：www.jxpph.com
E-mail：jxpphwym@sina.com web@jxpph.com
2015年1月第1版　2015年1月第1次印刷
开本：880毫米 × 1230毫米　1/32
印张：5.75
字数：131千
ISBN 978-7-210-06666-8
赣版权登字—01—2014—469

定价：29.80元
承印厂：南昌市红星印刷有限公司